電気代500円。贅沢な毎日

アズマカナコ

様
電気料金等領収証(口座振替払用)
24年 4月分
ご使用期間
3月26日～ 4月22日
領収金額
512円
うち消費税等相当額
本領収証により
様
B
電気料金等領収証(口座振替払用)
24年 8月分
ご使用期間
7月25日～ 8月23日
領収金額
469円
うち消費税等相当額
22円
本領収証により
様
B
電気料金等領収証(口座振替払用)
23年11月分
ご使用期間
10月25日～11月24日
領収金額
511円
うち消費税等相当額
24円
ご契約
10A
ご使用量
16kWh
本領収証により集金員が料金を収
3952
3936
16

我が家の電気料金

私の家の電気代は一ヶ月500円です。
夫と子ども二人の4人暮らし。
一家4人で電気代500円なんです。

このことを言うと多くの人に
「大変でしょう?」
「無理しているのでは?」
などと聞かれます。

でも、なぜ私がこういう生活をしているか。
それはただ、この生活が「好きだから」です。

そんなに電化製品やモノがなくても困りません。
むしろ、こっちのほうが心地いいのです。

洗濯機がなくても、たらいがあればいい。

掃除機がなくても、ホウキがあればいい。

冷蔵庫がなくても、保存食があればいい。

決して無理をしているわけではなく、
このほうが私は好き。
ただそれだけなんです。

よく「変わってますね」と言われます。
でも、私にとってはこれが普通です。

お金をかけずに、手間をかける。

こうした生活こそが自分にとって最高に「贅沢」だと思うのです。

この本では、そんな私の電気代500円生活をご紹介します。
あなたの暮らしを楽しくするヒントになればうれしいです。

電気代500円。贅沢な毎日　もくじ

2章　季節を感じる美味しい毎日 ―― 059

3章　3着を着回すシンプルオシャレな毎日——093

5章 顔の見えるつながりがある楽しい毎日――141

6章　余計なお金もストレスもない豊かな毎日——171

1章
電気代500円の贅沢な毎日

冷蔵庫も洗濯機も掃除機もありません。
当たり前に「ある」ものをなくしてみることで
生活の本質が見えてきます。

私の家には、どこの家にもあるような電化製品がありません。

まず、冷蔵庫がありません。

食料は必要な量だけを買い、常温で保存できないものは数日以内に食べきります。スーパーでまとめ買いして、とりあえず冷蔵庫に保管しておくなどということはしません。基本的に、手に入れたらなるべく新鮮なうちに早く消費するようにしています。

残ったものを保存したい場合は、干したり漬け物にするなどして保存食に加工します。肉や魚だって、みそや酒粕、塩麹などに漬ければ、常温保存も可能です。

冷蔵庫は欠かせないと思われがちですが、買い物に不便な場所に住んでいるのでなければ、案外なくても平気なものです。**冷やしてまで長く保管しておかなければならない食材なんて実はそんなにないことに気づく。**冷蔵庫が「保管庫」になっているなら、一度中身を点検してみてください。

次に、洗濯機がありません。

普通の生活をしていれば、衣服が汚れる主な原因は「汗」「あか」「ほこり」のせいでしょう。だから、これらの汚れを落とすことができればいいわけです。ほこりだけならブラシをかければ綺麗に落ちます。洗濯はたらいに溜めた水に石けんを溶かして手洗いすれば、汚れを落とすことができます。取れにくい汚れの場合は洗濯板を使います。

面倒に思われがちなのですが、時間もそれほどかかりませんし、少量であれば逆にこっちのほうが早くてラクなのです。


さらに、掃除機もありません。

掃除は基本的に「ホウキと雑巾」を使います。普段は、ホウキだけでも十分キレイになります。掃除用の洗剤も使いません。ホウキと雑巾。さすが昔から使われてきた道具だけあって、この2つは優秀です。電気を使わなくても掃除は十分できるのです。

それから、電子レンジやエアコンもありません。電気シェーバーやドライヤーもありません。夫はカミソリでひげをそります。髪は自然乾燥です。

家にある電化製品といえば、電球が3つと、ステレオ、お米の精米機、アイロン、扇風機、パソコン、固定電話くらいでしょうか。テレビは、夫が観るときだけ押し入れから出します。

どの家庭にも当たり前にあるものが私の家にはないので、珍しがられるのですが、電化製品も「なくても困らない」ものは意外と多くあるのです。

昭和30年ごろまでは、多くの人が電化製品などなしに暮らしていました。それが当たり前だったんです。

いま「あって当たり前」と思っているものを、もう一度見なおしてみると、生活の本質が見えてくるかもしれません。

昼は明るくて、夜は暗いもの。
電球3つの生活は
自然本来の姿を教えてくれます。

私の家の照明は電球が3つだけです。居間と台所とお風呂に1つずつ。「暗くないですか?」と聞かれることも多いのですが、慣れました。最初は少し暗いかなと感じましたが、しばらくすると逆に外のほうが明るすぎると感じるようになったんです。夜でも電気がこうこうと点いているのを見ると、「そんなに明るくなくていいのにな」と思ってしまいます。

台所の照明はほとんど使いません。基本的に暗いときは料理をしないからです。照明に頼らないことで、自然と明るいうちに料理を済ませることが習慣になりました。

電球3つの生活をすると、昼間の明るいうちにいろんなことを済ませて、夜はゆっくり休むという習慣ができます。生活のリズムが整うと、体調も気分も良くなるのを実感しています。

暗いと気分まで暗くなるのでは? ……そんなことはありません。「気分が暗くなる」というよりも「落ち着く」ようになります。**部屋が暗いと気分が落ち着くのです。**

不眠症に悩んでいる人は、寝る直前まで明るい光を見ているケースが多いと聞きます。パソコンを観たり、ゲームをやったり、携帯電話をいじったりするなどして頭が冴えてしまい、眠れなくなってしまう。

夜は暗いほうが目も休まりますし、頭も心も落ち着きます。自然に眠りに入れるのではないでしょうか。

「子どもが寝ない」というお母さんの悩みもよく聞きますが、我が家では6歳と3歳の子どもは、毎日夜7時ごろには寝ています。どうやっているのかというと、毎日決まった時間に部屋を暗くして布団に入ることを習慣にしたのです。最初は寝つくまでに時間がかかりましたが、根気よく続けるうちに自然と寝るようになりました。

昼は明るくて、夜は暗いものです。でも人工的に明るさが作り出せるようになってから、昼も夜も関係なくなった。それは便利なことでもあるのですが、人の本来のあり方からはかけ離れてしまいます。夜でも買い物や食事ができるようになるという便利さと引き換えに、無駄なエネルギーやお金がかかりますし、体にも負担がかかってしまうのです。

昼は動いて、夜は寝る。当たり前ですが、それが自然の姿なのではないでしょうか。「電球1つだと暗い」ということは、逆に言えば「今までが明るすぎただけ」。夜は本来は暗いものなのです。

なるべく照明に頼らずに、太陽に合わせた生活をしてみると、日中は活動的になり、夜は眠くなるという自然なサイクルが生まれます。

日中に眠かったり、逆に夜眠れないという方は、本来のあり方を意識してみるといいのではないでしょうか。

テレビは押し入れに

道具は使うときに出して
使い終わったらしまうのが鉄則。
テレビも観るときだけ押し入れから出します。

テレビを観たいと思うことはほとんどありません。オリンピックや駅伝などのスポーツ中継があるときだけ。「本当に観たいものだけを観る」というスタンスです。

情報源は、ラジオ、新聞、本や雑誌です。一人暮らしを始めてからテレビを観る習慣がなくなり、自然と「部屋にテレビがない」というのが当たり前になっていきました。

テレビを観る習慣がなくなると、テレビを観ている時間がもったいないと感じるようになります。違うことをやりたいと思うようになるんです。

私は普段、ラジオをよく聴いています。ラジオなら家事や仕事、勉強など、他のことをしながら聴くことができる。なので、時間が有効に使えるのです。また、映像がない分、耳から入る情報を元に想像しながら聴くので、アイデアや発想力を鍛えるのにもいいんです。

テレビは備え付けではなくて、普段は押し入れにしまってあります。観るときだけ出す。たまに驚かれるのですが、考えてみれば「使うときだけ出す」というのは理にかなっているような気がします。

昔のテレビは重かったし大きかったですから、家族の集まる部屋に置かざるを得なかったでしょう。でも、最近は薄くて軽いものも多くあります。実際、私の家のテレビもパソコンより小さい持ち運びできるサイズのものです。

テレビが部屋に置いてあると、目的もなくつい観てしまうことがありますが「使うときだけ出す」ということを習慣にすれば、「出してまで観たいかどうか」が一つの判断基準になります。

国土の狭い日本では、もともとスペースを有効に使うために「必要なときだけ出す」ということは昔から行われていました。たとえば、テーブルではなくてちゃぶ台、ベッドではなくて布団といった具合です。**「しまう」というひと手間があるにしても、部屋がすっきりとして広く使えますし、掃除もしやすくなるといったメリットのほうが大きいのではないでしょうか。**

4

エアコンもなし

夏は暑くて、冬は寒いもの。
エアコンに頼らずに生活をすると
心も体も健康になります。

エアコンもありません。

日本には四季があります。夏は暑くて、冬は寒いもの。エアコンがないので、季節に合った暮らし方をしています。

ただ、無理をして熱中症などにならないようには日頃から気をつけています。暑い時季はうちわを使ったり、窓を開けて部屋の障子やふすまを外して風通しを良くしています。また、少しでも暑さを和らげるために、緑のカーテンをつくったり、すだれをつけます。それから、庭の植物への水やりも「打ち水」になるのでオススメです。

一方、冬は主に木炭を利用しています。炭のこたつや火鉢、あんかに炭を入れて暖をとるんです。

中でも火鉢は手軽に使えて便利です。使い方は簡単。中に燃やした炭を入れて、手などの冷えるところを部分的に暖めます。炭はガスコンロで火をつけることができ、1回火がつけば、それをつないで一日中使うこともできま

冬に大活躍の火鉢

す。夜は灰に埋めておけば火は消えません。朝になって灰をどかせば、またすぐに使うことができる。慣れると、毎回火をおこさなくても、ずっとつないでいくこともできます。

「炭を使うのって面倒じゃないですか？」とよく聞かれます。最初の頃は火をおこすのに時間がかかったり、途中で消えてしまうこともありましたが、慣れればそんなに大変ではありません。火鉢なら好きな場所に持ち運べますし、お湯を沸かすこともできるので、加湿器代わりにもなります。ついでにお餅やお芋などを焼くこともできる。燃えた後に残った灰は、洗剤代わりに使ったり、土にまいて肥料にもなり、なかなかの優れものなのです。

ただ、マンションやアパートによっては禁止されていたり、家の気密性が高いと、換気をしないと一酸化炭素中毒になるので注意が必要です。

それから、暑さ寒さ対策で工夫しているのは食べ物です。その季節に合った旬のものを食べることで、体の中から温めたり冷やしたりするのです。

夏だったら夏野菜。キュウリやトマト、ナス、スイカなどをよく摂るようにしています。冬はショウガやネギや根菜類。ニンニクや唐辛子も多く摂ります。

野菜を買うのは、スーパーやコンビニよりも地域の直売所が多いので、自然と旬のものが中心になります。地域でその時季に採れるものなら、その土地の気候に合った季節のものが手に入るというわけです。

もちろん、季節のものを食べたからといって劇的に変化があるわけではありません。薬のように即効性があるわけではないんです。ただ、学生のときから季節のものを摂るように意識してきたので、以前に比べて暑さや寒さに強くなりました。手足が冷えなくなり、風邪も引きにくくなった。続けることで少しずつ体質が変わってきたのを実感しています。

エアコンに頼りすぎず、季節のものを中心に食べるようにしてみると、今まで感じていた体の不調も改善するかもしれません。**電気代も病院代もかからなくなれば一石二鳥なのではないでしょうか。**

火鉢の使い方

〈火鉢について〉

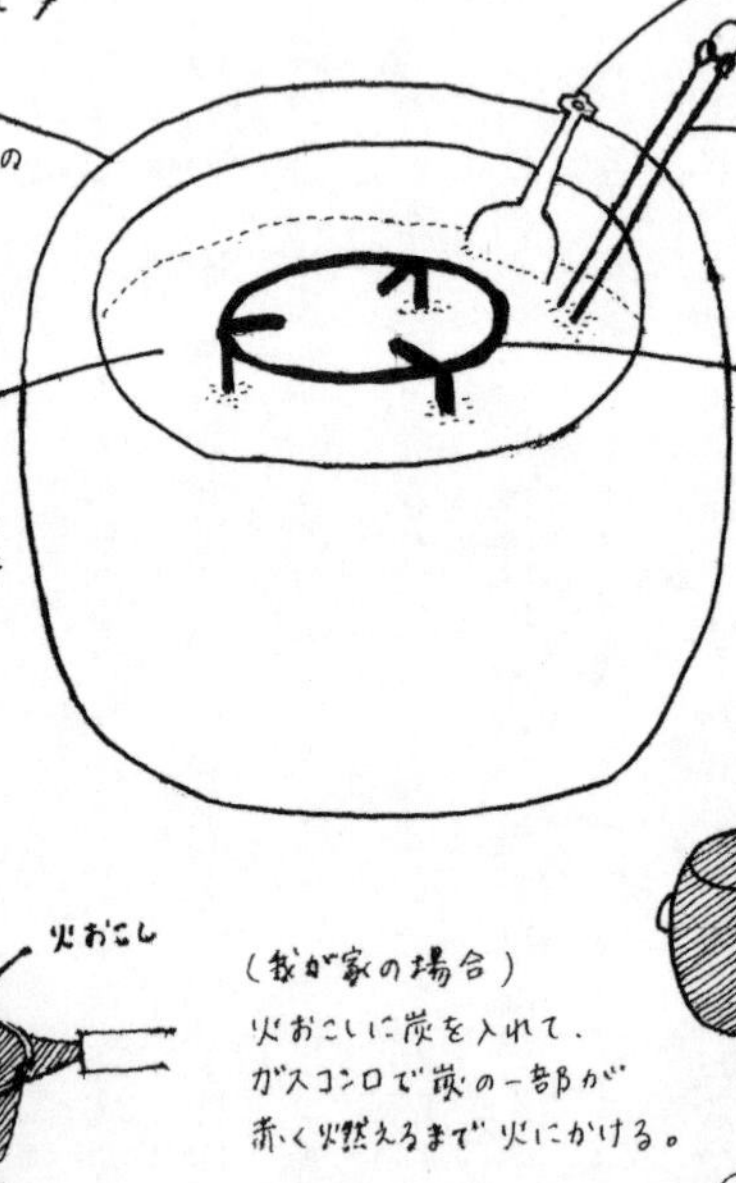

火鉢

様々な素材や形の火鉢がある。我が家は木製の丸火鉢。

灰

火鉢の中に入れておく。断熱材の役目がある。

灰ならし

鉄製で灰をならすときに使う。

火ばし

鉄製で焼けた炭をつかむはし。

五徳

鉄びんなどを乗せる台。鉄びんを乗せて使うと、同時に湯を沸かしたり、加湿器代わりにもなる。

火消しつぼ

焼けた炭を入れて蓋をしておくと、やがて中の酸素がなくなり火が消える。

〈使い方〉

①

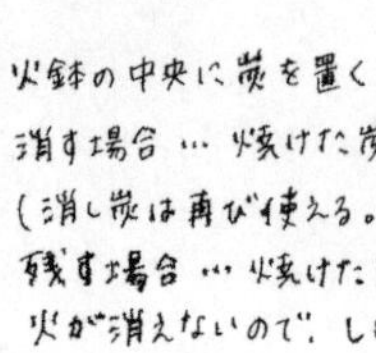

（我が家の場合）

火おこしに炭を入れて、ガスコンロで炭の一部が赤く燃えるまで火にかける。

② 火鉢の中央に炭を置く。（3〜4コ）

● 火力を強くしたい時は…息をふきかけたり、うちわで風を送る。新しい炭を足す。

● 火力を弱くしたい時は…炭に灰をかけたり、炭の数を減らす。

③ 消す場合…焼けた炭を火消しつぼの中に入れる。

（消し炭は再び使える。新しい炭よりよく火がつく。）

残す場合…焼けた炭を灰の中に埋めておくと、火が消えないので、しばらく時間をおいた後でもすぐ使える。

5

洗濯は「たらい」で

洗濯機や食洗機がなくても
すべて「たらい」でOKです。

洗濯機は2年前から使っていません。ぜんぶ手洗い。洗剤は固形石けん1つだけです。

私の洗濯のやり方はシンプル。まず、たらいにお風呂の残り湯を入れます。そこに石けんを溶かします。洗濯物を入れて、手で押したり揉んだりして洗うのです。2回ほど水を替えて、すすぎをしたあと、水気を絞ります。

洗濯で落としたい汚れは基本的に「汗」と「あか」です。いつも飲み物やしょうゆをこぼしたりするわけではないので、洗濯機で毎回入念に洗う必要もないわけです。手洗いなら汚れ具合に応じて洗い分けることもできます。

実は時間もかかりません。夏だとお風呂のついでにやってしまいます。たらいにお湯を溜めて服を入れ、子どもに踏んでもらいます。**すすぎまで入れても10分から20分あれば家族4人分の洗濯は完了です。**

バスタオルなどの大きい洗濯物があると大変なので、普段から体を拭くタオルは小さいスポーツタオルを使うなどの工夫もしています。

〈洗濯の道具〉

洗濯に使う道具は、たらいと洗濯板、
石けんの3つだけ。
たらいや石けんは、洗濯以外にも使えて、
洗濯機に比べて場所もとらず便利。
寒い時期はゴム手袋を着用して
洗っている。

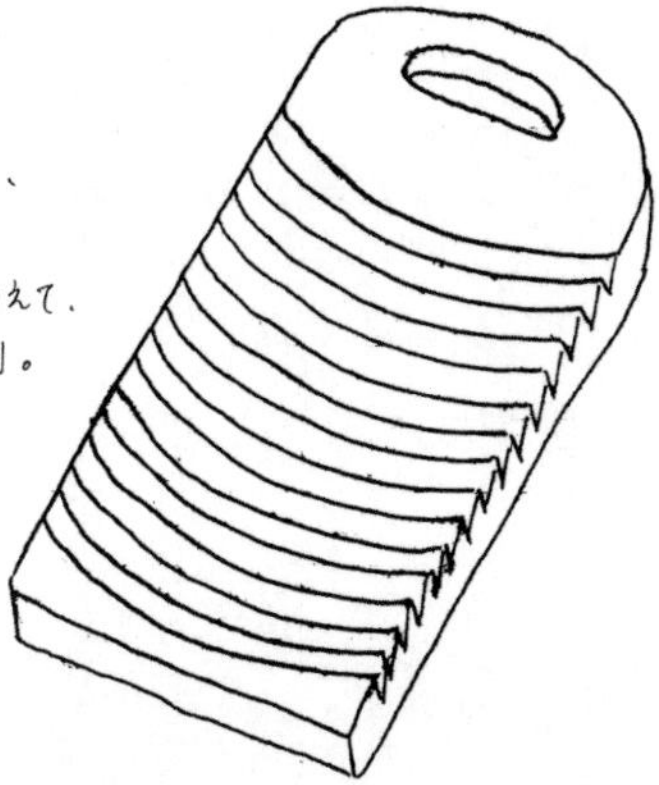

洗濯板

溝が刻まれた木製の板。
石けん水が溝にたまって、汚れが
落としやすくなる。

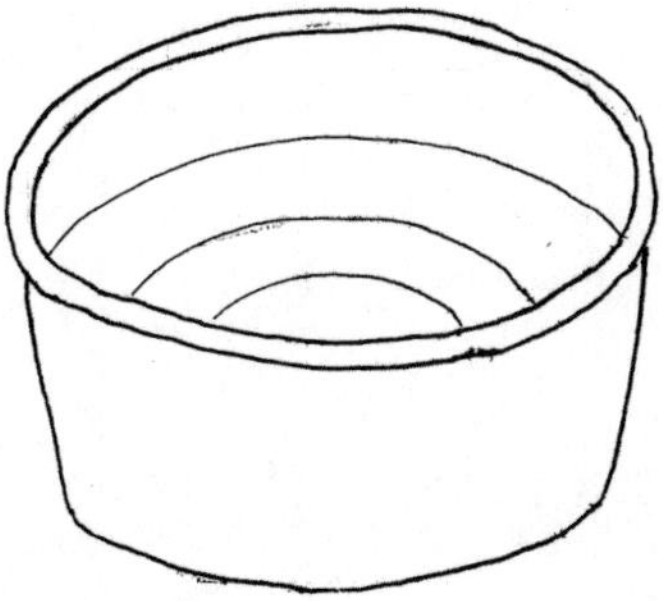

たらい

金属製の容器。洗濯以外にも、洗濯物を
入れて運んだり、水をためたり、様々な用途に使用。

石けん

洗濯の洗剤はこれ1つだけ。
洗濯以外に、食器洗い、洗顔、
そうじなどにも使える。

特に落ちにくい汚れがあれば「洗濯板」を使います。シャツの襟などに石けんをつけて、洗濯板にこすりつけると汚れもよく落ちます。洋服同士でこするよりも傷みにくいんです。木だから当たりがソフトで、汚れは落ちるけど布は傷みません。

石けん1つで済ませられると、洗濯まわりの買い物も楽ちんです。粉の洗剤も液体洗剤も必要ないのでゴミも減るでしょう。**石けんさえあれば、洗濯だけでなく、体を洗うときも、食器洗いや掃除にだって使えます。**また、洗濯機を使っていたときは、カビがつくので年に数回、酸素系漂白剤を使ってカビ取りをしていましたが、それもしなくてよくなりました。

電化製品に慣れてしまうと「手でやるなんて大変だ」と思いがちです。でもやってみると、案外簡単にできることに気づきます。お金も時間も手間もそんなにかからない。まずお風呂のついでに、たらいと石けんを使った洗濯

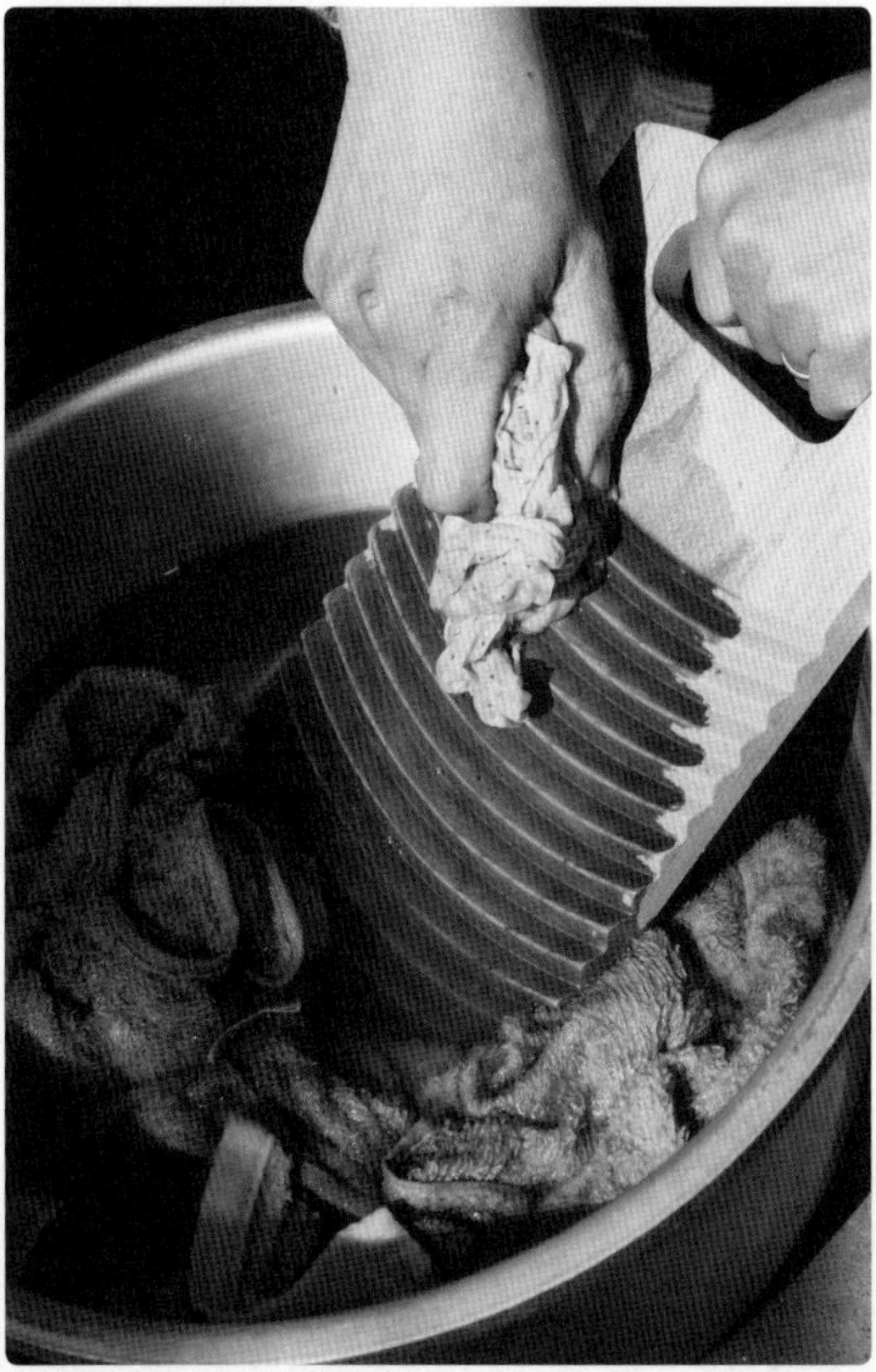

汚れがひどいときに使う洗濯板

に挑戦してみてください。下着などから始めてみるといいでしょう。

食器洗浄機もありません。たらい1つで十分です。

洗い物は「ため洗い」が基本。流すのは最後のすすぎのみです。水量も、水道からの水が鉛筆の太さくらいで十分洗えます。

いまは、たらい自体がない家庭も多いかもしれません。洗面器もいいのですが、できればもう一回りか二回りくらい大きいたらいがあると便利です。**うちには直径が30センチくらいの普通サイズのものと、子どもが入れるくらい大きいものの2つがあります。**この2つは用途によって使い分けます。

たらいは本当に便利。水をくむとき、洗濯、野菜や食器などを洗うとき、髪を洗うときなどなど、いろんな場面で活躍します。子どもが赤ちゃんのときには、たらいをお風呂代わりにしていました。

便利ですし、節水にもなる。今一度、たらいを見なおしてみてはどうでしょうか。

6

「便利」という誘惑

便利さは求め始めるとキリがない。
機械や道具のせいにするのは
もうやめにしませんか?

便利な電化製品が次々と出ますが、私はあまり欲しいとは思いません。一時的には生活が楽になるのかもしれませんが、所有物が増えるというストレスのほうが大きいからです。

家電やモノがいっぱいある生活を想像すると「大変そうだな」と思ってしまいます。掃除や片づけが大変そうというのもありますし、自分でやらなくなるのは長い目で見ると逆に不便になるとも思うからです。

便利は追求し始めるとキリがありません。より良いものを求めていくと、終わりがなくなってしまうのです。たとえば、料理をするというだけでも、スライサーやフードチョッパーなどさまざまな道具があります。でも私は、包丁1本あればたいていのことはできると思うんです。

料理を仕事にしている方や、飲食店などで毎日大量に作る必要のある方にとっては、これらの道具は便利で大きなメリットがあると思います。でも、私のような一般の家庭で、普段家族の食事を作るくらいなら、最低限の道具があれば、なくて困ることはほとんどないでしょう。**あまりに道具が増えすぎると、探したり管理をするのも大変です。そうすると、今度は「ある」ことがストレスの原因になってしまいます。**

我が家にはオーブンや電子レンジもありません。オーブンで作るような料理はフライパンを使って作ります。ご飯やおかずを温めなおすときも、鍋や蒸し器、フライパンのいずれかを使えば十分間に合うんです。

機械に頼ることに慣れてしまうと、「それがないとできない」と思いがちです。でも「あるものでどうすればいいか」という発想に切り替えると、そんなにたくさんの道具は必要なくなっていきます。

新しいものを増やしていく前に、今あるもので考える習慣をつけてみてください。

7
機械に頼ることのツケ

機械に頼ると体は弱っていく。
「便利」は行きすぎると
「不便」になるんです。

「便利なものに頼る」ということは「自分の体や頭を甘やかす」ことと表裏一体です。

私の祖母は現在93歳ですが、今でも一人で元気に暮らしています。それはやはり長い間、自分の手足を使ってなんでもやっていたのが大きいと思います。筋肉や脳など、使わない体の機能は早く衰えていくといいます。だから、体が動くうちから楽をしてしまうのは長い目で見て良くありません。祖母を見ていて、今でも杖なしでしっかりと歩くことができ、たいていの身のまわりのことも自分でできるのは、長い間、自分の頭と体を使って過ごしてきたからではないでしょうか。

今後、便利な方向へ行きすぎて、できることまでやらなくなると、それが原因で頭や体が衰えてしまう人が増えるのではないかと心配してしまいます。

歩ける距離なのに車で移動をしたり、初めての場所に行くときも、地図を調べずにスマホでスイスイ行けてしまう。**最先端の便利な暮らしばかりを求めると、肝心な自分の頭や体を使う機会が減ってしまうのです。**便利なものに頼りすぎるのではなく、必要に応じて上手に使い分けていきたいものです。

生活が便利になればなるほど、どこかで「ツケ」を払わなければいけなくなります。便利になり体を動かさなくなると健康が損なわれたりする。**それで医療費が嵩んだり、健康器具を買ったりすると、結局お金も時間も逆にかかる、という悪循環に陥ってしまうのです。**

便利すぎるのは逆に不便。ほどよいぐらいのところで止めるのがいいのではないでしょうか。多少は便利なものの力を借りるけれど、頼りすぎないぐらいがちょうどいい。

どこまでできるかは、人それぞれ違いますが、必要なところは取り入れて、できるところは自分でやってみる。そのさじ加減を見極めるのが大切だと思います。

8

大切な水と空気

便利な生活が行きすぎると
本当に必要なものを傷つけてしまう。
足るを知ることが大切です。

便利が行きすぎて逆に不便になってしまうというのは、一人ひとりのレベルの話だけではなくて、社会全体にも言えることです。

人はより便利になるために、多くの電気を必要としました。効率的にエネルギーを生み出すために原子力発電所を作るに至ったのです。すると、表面上は豊かで便利になりましたが、結果的に事故という形でツケを払わなければいけなくなった。空気も水も汚れてしまいました。

また最近、中国からの大気汚染が問題になっていますが、身近な車の排気ガスや石油ストーブなどからも同様の汚染物質は出ています。

便利を求めて、それが過剰になると、逆に資源が不足したり、不便になったりする。そう思うのです。資源をまったく使わないわけにはいきませんが、自然の再生能力を超えない範囲で最低限必要な分だけを使う。そうすれば自然はそこまで汚れないはずです。**無尽蔵に、便利さを追求していくと、大切な足下から崩れていく。**それは悲しいことです。

大学で環境を勉強していたこともあって、現代の暮らしにはいろいろと思うところがあります。商品の過剰包装、昼夜かかわらずこうこうと点いている照明、お店や電車での効きすぎた冷暖房。家具や建物には化学物質が使われていたり、建物も直せばまだ使えるものまで壊されて次々と新しいものが建てられる。農地や山林も開発されて宅地に変わっていきます。食品にも農薬や添加物が使われたり、遠い場所から多くのエネルギーを使って運ばれてきたりします。使い捨て商品も多いです。……言い始めるとキリがないのですが、そこまで必要ないのではと思うことはたくさんあります。

水も空気も人が生きていくためには欠かせないものです。**水や空気、そしてそれを浄化する自然を壊したり汚したりすると、巡り巡って自分たちに返ってきます。**個人の力ではどうしようもない部分もありますが、一人ひとりができることもたくさんあるはず。今まで当たり前だと思っていたことをもう一度考えなおしてほしいと思います。

電気自動車も、エコだと言われていますが、製造の過程や動かすための電気をつくるためには、結局石油などが必要になるでしょう。太陽光パネルも環境に良い面は大きいですが、そのパネルをつくるのにも多くのエネルギーを使っていますし、使い終わったパネルはゴミになってしまいます。**そう考えると、エネルギーをいかに多く生み出すか、ではなくて、エネルギーを使う量をいかに減らすかということを考えたいものです。**

そもそも太陽は明るいので、日中はその光を部屋に採り入れれば手軽に太陽のエネルギーを利用することができます。パネルで受けたエネルギーを電気に変えて、それで電気をつける。それは遠回りですし、エネルギーの無駄遣いに思えます。

結局、ちょっと昔の暮らしのシンプルさが、実は一番便利なのではないか。そう思うのです。

9

もったいない

必要なだけ手に入れるのではなく
あるものでどうにかする精神を。

便利なものに頼りすぎると体や頭を甘やかすことになります。そして、本来できたこともできなくなっていきます。

昔は当たり前に火をおこしてご飯を炊いていました。ガスも電気もなかったときは、炊飯器なんてもちろんなかったので毎回火をおこしてご飯を炊いていたはずです。でも今は、多くの人が火のおこし方もわからなくなってしまいました。

以前は当たり前にできたことができなくなってくる。昔は冷蔵庫がなかったので、どの家庭でも漬け物や保存食を作ったりしていたはずなのに、今はそのノウハウも重要ではなくなってしまいました。

もちろん必要に応じて、頼っていいのでしょうが、震災など不測の事態が起きたときに困ってしまいます。**技術が進歩して便利なものが身のまわりに増えれば増えるほど、自分たちの能力や体力は衰えているかもしれない。**本来身につけるべきノウハウが失われているかもしれない、ということは意識しておくべきなのではないかと思います。

前に書きましたが、私は水道を流しっぱなしにすることはありません。いつもたらいに溜めてその水を使うのですが、これは私の考え方の根本にもつながっています。

どういうことかというと、流しっぱなしという発想は「出てくるだけ使う」「あるだけ使う」「どんどん使い捨てる」そういう考え方です。一方で、たらいに溜めるという発想は「限られた中でどうするか」という考え方です。一定量を溜めておいて、この水をどう生かすか。

いま日本は豊かなので、蛇口をひねれば欲しいだけ水は出てきますが「必要なときは必要なだけ出せばいい」という発想は、多くの無駄を生みますし、際限がなくなってしまいます。

お風呂で体や髪を洗うとき、たらいにお湯を溜めて使うと、この量で洗うにはどうしたらいいか、どこから洗おうか、と考えるようになります。知り合いの年配の方から聞いたのですが、水が貴重だった時代は、たらい1杯の水だけで体から髪まで全身を洗ったそうです。さすがにここまでやるのは難しいかもしれませんが、「限りあるものをどう工夫して使うか」という発想は、これからの生活に必要な考え方になっていくはずです。

私の祖母の口ぐせは「もったいない」です。

子どものころ、母に頼まれて祖母のところへ夕飯のおかずを持っていくと、夕方で薄暗いのに照明がついていません。「あれ？　どうしてついていないの？」と聞くと、「まだ見えるからいいの」と言います。新聞の字が見えなくなるぐらいまで暗くならないと照明をつけないんです。用事があって夜に行くとたいていい暗い。もう眠っているのかと思ったら、卓上ライトの光だけで編み物をしていたこともありました。

祖母は若いころ、戦争の空襲で家を焼け出された経験があります。そのときの「モノが何もない」というのを知っているから、その後も「もったいない、もったいない」と、言っていたのです。もったいないという考え方。足るを知るという考え方は大切にしたいものです。

10

身の丈の生活

背丈を超えた生活を脱ぎ捨てて
身の丈に合った生活を取り戻そう。

技術の進歩によって、人は自分たちができること以上の力を手に入れました。それは便利なことでもあるのですが、やはり本来は「身の丈に合った」生活がいちばんなのではないでしょうか。私は身の丈の生活が一番、自分らしくて心地良いと思うのです。

「身の丈の生活」は現代の生活と比べると「不便な生活」かもしれません。一方で、自分一人だけでは生きていけないことも感じるでしょう。家族やまわりの人が大切だということを実感します。協力したり助け合うのが当たり前になっていきます。多少不便かもしれませんが、つながりを感じることができるのです。

今はコンビニやインターネットなど便利なものができて、一人で暮らすことが簡単にできるようになりました。家の中にいても、たいていのことはできてしまいます。外に出たくなければ宅配サービスを利用すればいい。**ただ、まわりの人とのつながりは希薄になり、孤独という代償も払うことになります。**便利の追求か、身の丈か。どちらが幸せかは個人の価値観によりますが、私は身の丈の生活を選びたいと思うのです。

私は昭和50年代に東京の大田区で生まれました。

子どもの頃、まわりは開発が進み、建物が次々と建ったり、工場や車の排気ガスなどの公害も結構すごかったのを覚えています。母が「子どものころはよく遊んだ」と言っていた川も、灰色の汚れた川になってしまっていました。友達と公園で遊んでいたときに、光化学スモッグ警報が流れて急いで家に帰ったこともありました。そんな経験もあって、自然や環境をよくしたい、守らないといけない、というのは物心ついたときからあったのです。

身の丈の生活をするようになったのは、祖母の生活に学んだところも大きいです。祖母は、何でも無駄にせず、あるもので工夫をしたり、電気も水も本当に必要な分だけしか使いませんでした。

そんな質素な生活をしていましたが、決してイヤイヤやっていたわけではないのです。祖母はそれを心から楽しんでいるように見えたのです。だから私も身の丈の生活を嫌にならなかった。それを見て、すごくいいイメージ、プラスのイメージがあったんですね。

もし「節約！　節約！」などと口うるさく言われたり、強要されていたら、嫌悪感を抱いたかもしれません。**でも、生ゴミを土に埋めるときも、裁縫をしているときも、草むしりのときも、いつも楽しそうだったんです。**身の丈の生活をしなさいと言われたわけではなく、そのほうが楽しそうだったから自然と自分もマネしたいと思うようになりました。

一方的に私の考えをお伝えしましたが、生活は楽しいのがいちばん。楽しくなければ続きません。「節約をしよう、質素に生きよう」と無理をしてやっても続かないでしょう。

私の生活の中で「楽しそう」と感じる部分があれば、一つでも二つでもマネをしていただければうれしく思います。

2章
季節を感じる美味しい毎日

11

保存食をつくる

保存食の作り方を知っておけば
冷蔵庫がなくても大丈夫です。

うちに冷蔵庫はありません。余った食材は保存食にしておきます。つくる手間はありますが、一度つくってしまえばしばらくそれを食べられるので、実はとても楽なんです。

保存食にするには①調味料に漬ける、②佃煮にする、③干して乾物にする、という方法があります。

①「調味料に漬ける」ですが、具体的には酢や塩、しょうゆ、味噌、焼酎などに漬けます。同じ食材でも調味料を変えれば、さまざまなバリエーションが楽しめます。

②「佃煮にする」ですが、これも簡単。酒またはみりん、しょうゆ、砂糖を加えて煮詰めるだけ。お肉もひき肉を味つけして、そぼろにしておけば、冷暗所で2日ぐらいは持ちます。

食材の加工方法として意外と盲点なのが③「干す」ということです。干すと日持ちが良くなりますし、栄養価も増すといわれています。

私の家の家庭菜園では、毎年冬になるとダイコンが何十本も採れます。味噌汁や煮物に使うのですが、一度にそんなにたくさんは使えません。そんなときはいつも切り干し大根にしてストックしておくんです。大根の葉っぱも、刻んで干しておけば、味噌汁の具やふりかけにすることができます。

干すのに慣れていなければ、大根やネギ、根菜類など、水分の少ない野菜だと失敗も少なくオススメです。野菜は小さく切ったほうが早く乾きます。季節は乾燥している秋～冬が一番作りやすいので覚えておいてください。

干し柿や干し芋も家庭で手作りできるんですよ。リンゴも薄く切って干すと、ドライフルーツになって、とても美味しいです。

もともと魚の干物やするめ、ビーフジャーキーなども、冷蔵庫がなかった時代に肉や魚を保存するために干したのが始まりだと言われています。

近所の年配の方に聞いたら、冷蔵庫がなかった頃は、毎年お歳暮で贈られてくる塩鮭は1匹丸ごと軒先につるしておいたといいます。そうして何ヶ月も腐らせずに食べたそうです。

干すというのは、先人の知恵が生んだ、エコで究極の保存法なんですね。

保存食をつくろう

我が家でつくる保存食は、主に調味料で漬ける、発酵させる、干して乾燥させる の3種類の方法で作っている。

調味料で漬ける

塩漬け、しょうゆ漬け、
みそ漬け、酢漬け、
はちみつ漬け、果実酒など

発酵させる

みそ、甘酒、ぬか漬け、
塩こうじ、しょうゆこうじ、
天然酵母パンなど

干して乾燥させる

切り干し大根、干し柿、
干し芋、干し椎茸、干し野菜いろいろ

〈切り干し大根のつくり方〉

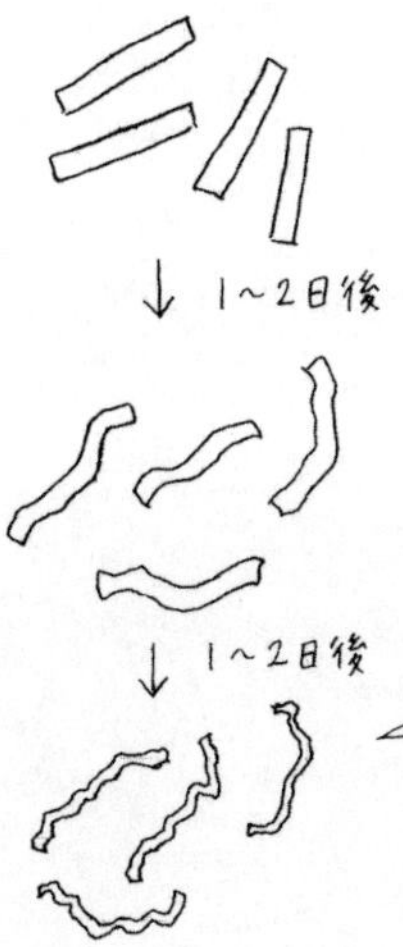
元の1/10くらいの
大きさになる

① 大根を洗って、皮ごと細切りにする。
② ザルや干物ネットなどに広げて、日当たりや風通しのよい場所に干す。
(夜間は室内に取り込む。)
③ 晴天に3〜4日干して、カラカラに乾燥したら完成。

・瓶などの密封容器に入れて、常温で1年くらい保存可能。

12

朝ごはんはつくらない

朝はなるべく手抜きを。
具だくさんにして
お味噌汁もおかずにしちゃいましょう。

朝はご飯とお味噌汁とお漬け物。お漬け物は、春〜秋はぬか漬け、冬はたくあんや白菜の塩漬けが多いですね。ぬか漬けは、ぬか床があるので、野菜を入れるだけでできちゃいます。あとは、らっきょうの酢漬けと梅干しは1年分つくってあるので、それを出します。

朝ご飯のポイントは「つくらない」こと。夜の残りのおかずは加熱して、夫と子どものお弁当に入れます。お味噌汁も夜に朝の分までつくっておいて、朝はご飯を炊くだけです。

お味噌汁は具だくさんにしておかずにしてしまうとラク。家庭菜園で採れる野菜とか、残りものの野菜や乾物など、あるものを全部入れちゃいます。すると、ラクな上に栄養満点。朝から煮物をつくって、卵焼きをつくって……となると大変ですが、お味噌汁をおかずにしてしまえばラクちんです。

あと、ふりかけもあるもので作ります。大根やニンジンの葉っぱなどを干してすりつぶして、少量の塩とかつお節とか青のりとかゴマとか、あるものを混ぜれば美味しくて栄養満点のふりかけが作れますよ。

〈大根の葉のふりかけ〉

材料：大根の葉、ちりめんじゃこまたは桜えび、白ごま、塩

他に、青のり、のり、かつおぶし、きな粉、ゆかりなど好みの材料を混ぜてもOK

作り方：大根の葉は細かく刻んで、ザルや干物用ネットで天日干しをする。（夜は室内に取り込む）3〜4日でカラカラに乾燥したら、他の材料と混ぜ合わせる。

★塩は、味をみながら、少しずつ足していく。

13

料理は適当に

料理は肩の力を抜いて「適当」に。
ハンバーグや唐揚げなど
「ごちそう」を毎日用意しなくてもいいんです。

「料理」と言うと、料理が苦手な人ほど気合いを入れてしまいがちです。ばっちりレシピを用意して「よし！　作るぞ！」と気合いを入れてキッチンに向かう。……でも、料理はもっと肩の力を抜いても大丈夫です。

朝ごはんは「つくらない」と言いましたが、夜も特別「ごちそう」は用意しません。**基本的にご飯と具だくさんのお味噌汁とお漬け物がメインです。**

あとは、ニンジンとゴボウを使ってきんぴらゴボウを作ったり、ホウレンソウのお浸しやひじき、切り干し大根、カボチャの煮物などを作ります。他には、野菜を塩麹であえたものや、お豆腐屋さんで買った豆腐で冷や奴や湯豆腐。薬味には、家にあるシソ、ネギ、ショウガ、ミョウガを添えます。

混ぜご飯をもよく作ります。秋だったら栗ご飯やさつま芋ご飯、きのこご飯などですね。

「ちょっと質素だな」と思われるかもしれませんが「メインの何か」を毎日用意する必要はないと思うんです。ハンバーグや唐揚げ、生姜焼きなど、肉類が何かなければいけないという思い込みがある人もいるかもしれません。

でも、そんなに毎日肉を食べなくてもいい。脂質とタンパク質は、卵や豆腐などの大豆製品でも摂ることができます。

夫も最初は「メインのおかず」が食卓にないことに不満を抱いていました。でも、今のような食生活にしてから、健康診断での数字が毎年少しずつよくなっていった。コレステロールや中性脂肪の値が目に見えて下がっていったのです。それで夫も納得して、食生活に文句を言うことはなくなりました。

あと意識しているのは「地産地消」です。**その土地でできるものを食べるのが、一番自然なことだからです。**昔の人は今のように毎日肉や魚を食べられたわけではありませんでした。でも健康に生きていたわけです。現代は、肉も魚も外国からどんどん輸入されて毎日のように食卓に上がるようになりましたが、海を越えて食べ物を手に入れる生き物は人間だけ。他の動物は自分で移動できる範囲で手に入るものを食べているわけです。人間と他の動物を比べるのは極端かもしれませんが、地産地消が環境的にも健康的にもベストなのではないでしょうか。

テンションの上がる食事は
血圧の上がる食事。
落ち着く食事をして
死ぬまで楽しく食事をしましょう。

テンションの上がる食事をすると血圧も上がります。ハンバーグ、ステーキ、唐揚げ、焼肉……。こうしたメニューが好きな人も多いと思いますが、これらのものばかりを食べ続けると血圧も上がってしまいます。

テンションの上がる食べ物は、たまに食べるくらいがちょうどいいんです。誕生日などのイベントのときにだけこうしたメニューを作ると、夫や子どもも喜びます。普段から好きなものばかりを食べていたら、慣れてしまってテンションも上がらなくなっていくでしょう。テンションが上がらなくなった頃、血圧もきっと上がっているはずです。

好きなものだけを求めていくと、栄養のバランスも崩れていきます。**食というのは本来、生きていくための栄養を摂ることが目的だったはず。**それがいつしか、好きなものを自由に食べられるようになって「主食で肉が出てくるのが普通」といった考えがすり込まれていきました。

ただ、逆に全く摂らないのもよくないのかなと感じています。私も一人暮らしを始めてからしばらくのあいだ、徹底して玄米食や菜食をしていた時期があります。さまざまな本を読んだり、勉強して、体にいいことを実践したにも関わらず、妊娠中に体重が増えなかったり、貧血になったりしました。助産婦さんから「玄米が体質的に合わないのでは？」と言われ、玄米を分付き米に変えたり、ときどき魚や肉も食べるようにしたところ、これらの不調が改善されたのです。それからは、イベントや付き合いなど、たまのお楽しみや心の栄養も大切だと気づき、気負わずに食を楽しめるようになりました。

ただ、便利が行きすぎると逆に不便になるのと一緒で、美味しいものや好きなものばかりを摂り続けていると、ある日突然病気になったり、食事制限が必要になったり、好きなものが全く食べられなくなる日が来るかもしれません。ラーメンが大好きな人が毎日ラーメンだけを食べ続けていると、ある日突然塩分制限されて、まったくラーメンを食べられないという日が来るかもしれない。やはり、行きすぎ、やりすぎはよくないのです。

何事もバランスが大切です。いつまでも健康で美味しいものを食べ続けられるように、テンションの上がる食事はほどほどにしておきましょう。

15

食材は自分で作る

家庭菜園は都会でもできます。
観葉植物を育てるように
食べられるものを育ててみましょう。

食べるものを自分で作ると節約にもなりますし、なによりも楽しいです。都会暮らしでも、ベランダなどを利用して家庭菜園をやることは可能です。

初心者にいちばんオススメなのが「スプラウト」です。スプラウトというのは植物の新芽のことで、もやしやかいわれ大根が有名です。家の中でも簡単に栽培できます。容器はガラスのコップなどでよくて、土も要りません。種と水さえあれば2週間ほどで収穫できます。

サラダに使えるベビーリーフや、シソ、葉ネギなどは、プランターで栽培できます。イチゴも鉢植えで簡単にできる。上手に育てれば1回植えたら何年も楽しむことができるでしょう。

自分で育てるというと大変なイメージもあるかもしれませんが、そんなことはありません。水やりも、外に出しておけば雨が降りますし、しばらく降らないときは「土が乾いていたらあげる程度」で大丈夫。野菜も手をかけすぎると逆に枯れてしまったりするので、適度でいいのです。

家庭菜園の基本

畑や庭がなくても、植木鉢などの容器での栽培なら、誰でもすぐにはじめることができます。

〈容器〉

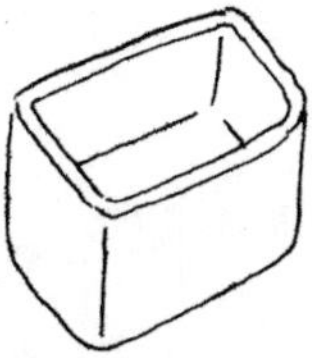

発泡スチロール箱

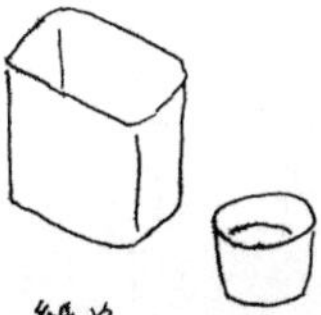

紙や
プラスチックの容器

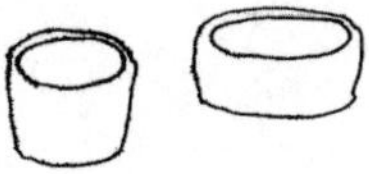

ガラスや陶器の
食器類

素焼きの鉢やプランターの他、
発泡スチロール箱、空き箱、
食品の入っていた容器など、
家にあるものでも栽培できる。

家庭菜園と同時に生ごみ堆肥を作ると、肥料も手作りできる。
生ごみ堆肥は、畑や庭がなくても、ダンボールや発泡スチロール箱で行うことも可能。

〈作りやすいもの〉

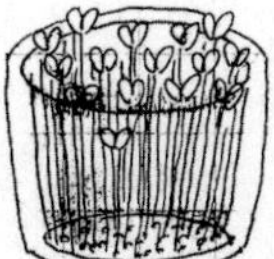

スプラウト

ベビーリーフ

イチゴ

16
ウコッケイを飼う

ウコッケイやウズラを飼えば
ほぼ毎日新鮮な卵が食べられる。
これは最高の贅沢です。

私の家ではウコッケイとウズラを飼っています。世話が大変そうだと思われるかもしれませんが、実はそんなに手間はかかりません。

マンションなどで飼うのは禁止されているところもあるかもしれませんが、ウコッケイなら庭でも室内でも1～2畳程度のちょっと歩けるスペースがあれば飼えるのではないでしょうか。ウズラは鳥かごでも飼うことができます。

鳴き声が気になるのでは、と思うかもしれませんが、早朝に大きな声で鳴くのはオスだけ。メスは普段、そんなに大きな声で鳴きません。我が家も住宅地なので近所の迷惑にならないようにメスだけ飼っています。

エサに関しても、猫や犬よりもお金も手間もかかりません。基本的に何でも食べます。玄米だけは購入しますが、あとは雑草でもいいし、調理で出た野菜クズ、キャベツの葉っぱ、ニンジンのへたなど何でもOK。猫や犬のようにペットフードも要らない。それに散歩もさせなくてもいいですし、手間はほとんどかかりません。

さて、そんなウコッケイを果たしてどこで手に入れるか。私は東京都の畜産試験場にひなを申し込んで買いました。1羽500円で譲ってもらうことができます。他に、農協や養鶏場などでも入手可能です。ウコッケイはニワトリよりも体が小さく、性格も大人しいので、一般家庭でも比較的飼いやすいと思います。

室内のみで飼うならウズラもオススメです。鳥かごで飼うことができます。下に「もみがら」を敷いておけば、それにフンが混ざって乾燥するので臭いもほとんどありません。家庭菜園をしていれば、フンは肥料になるので、土に混ぜておくと、自然に分解されてなくなってしまいます。

ウコッケイの場合は、若いころはだいたい2日に1回ぐらい卵を産みます。年を取ってくると3日に1回、4日に1回とだんだん間隔が広がっていきます。**我が家は現在、2羽飼っていますが、卵を買うことがなくなり、新鮮な卵が手に入るようになりました。**これはすごく贅沢です。

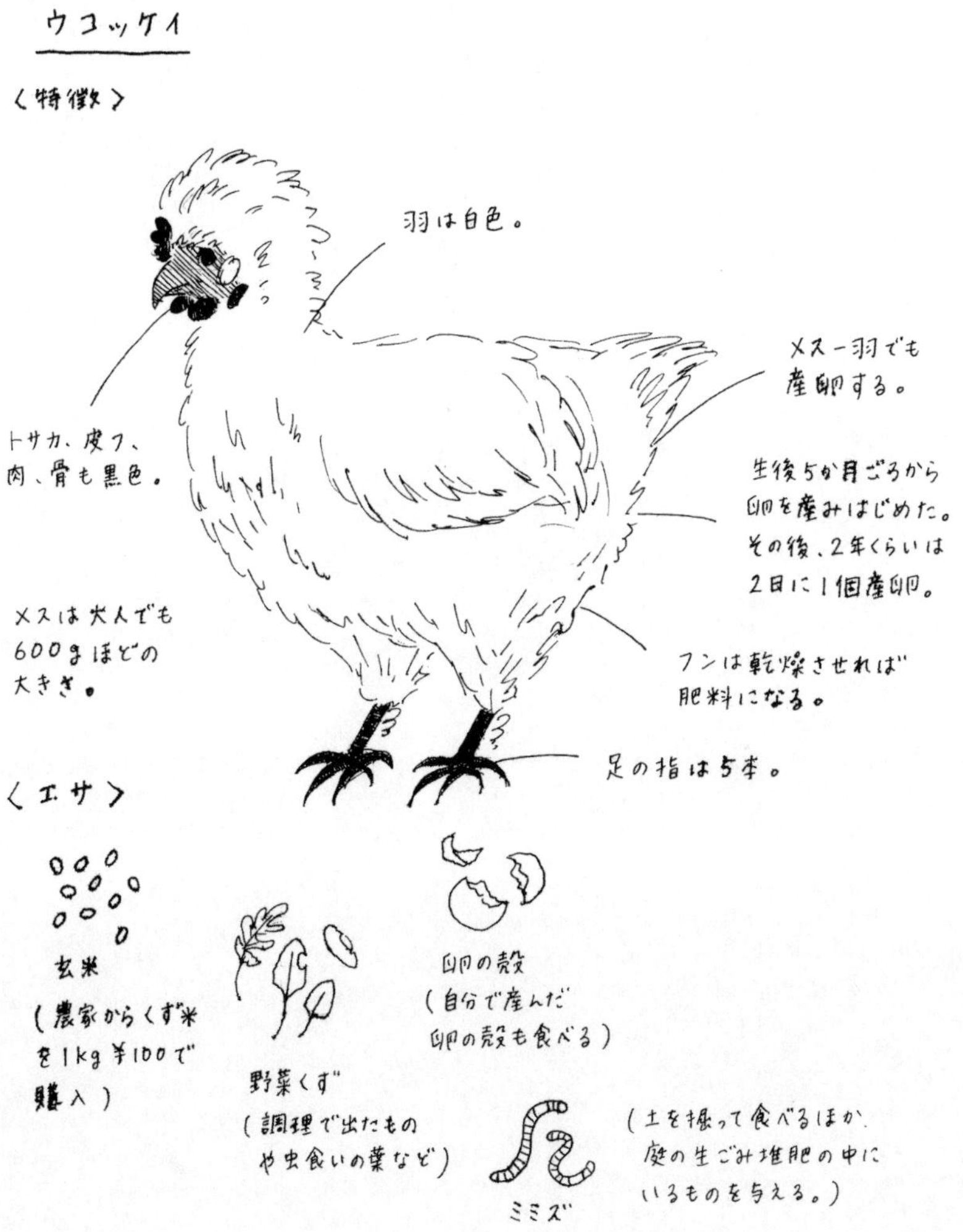
ウコッケイ
〈特徴〉
羽は白色。
メス一羽でも
産卵する。
トサカ、皮フ、
肉、骨も黒色。
生後5か月ごろから
卵を産みはじめた。
その後、2年くらいは
2日に1個産卵。
メスは大人でも
600gほどの
大きさ。
フンは乾燥させれば
肥料になる。
足の指は5本。
〈エサ〉
玄米
（農家からくず米
を1kg ¥100で
購入）
野菜くず
（調理で出たもの
や虫食いの葉など）
卵の殻
（自分で産んだ
卵の殻も食べる）
ミミズ
（土を掘って食べるほか
庭の生ごみ堆肥の中に
いるものを与える。）

17
食材は近所で

口に入れるものだから
顔の見える人から買いたいものです。

食材は近所の商店街や直売所で買うことが多いです。口に入れるものですし、なるべく「顔が見える買い物」がしたいものです。お米は地元産が少ないので、いつも決まった農家から送ってもらっていますが、豆腐は豆腐屋さん、肉は肉屋さんというように多くの食材は個人商店で買い物をします。

知っている人がつくっている、売っている、というのが安心感にもつながりますし、豊かな気持ちにもなれます。スーパーの特売やまとめ買い、ネットの通販を利用すれば、安く買うことはできますが、誰がどういうふうに、どんな気持ちでそれを作ったり、売ったりしているのかはわかりません。

顔の見える買い物をするとつながりもできます。**いつも行くお店ができて、会話も楽しめるようになると、ただモノとお金の交換ではなくて、人と人の交流、気持ちの交換もできて、買い物自体を豊かな気分ですることができるようになります。**

値段以外のところにも目を向けてみると買い物の楽しみも増えるかもしれません。

季節のものを

食事は生きる上での基本。
その季節のものをありがたく頂くのが
地球にとっても私たちにとっても最善です。

「食べる」というのは、生きる上での基本です。**当たり前ですが、私たちの体は今までに食べたものでできています。そしてこれから食べるものによって、体はつくられていきます。**食べるものや、食に対する姿勢は、大げさかもしれませんが、その人の生き方を象徴しているとも思うのです。だからこそ私は、食は変に着飾らず、素朴に、シンプルにしたい。そう思います。

食事は、ときにエンターテイメントであってもいいでしょう。楽しむための食事も、ときにはいいかもしれません。でも、普段の食事は自然なもの、安心できるものを口にしたいものです。

なるべく自分の生活している場所の近くで採れたもの、可能な限り誰がつくったのかがわかる食材を自分で調理する。これがいちばん簡単だし、安心です。生きていく上での基盤であるからこそ、食はシンプルで素朴なのが一番だと思うのです。

特に意識していることは、食材はその季節のものを買うということでしょうか。

一年中あらゆる野菜が食べられるのは便利ですが「秋が来た」とか「冬が来た」という感動は少なくなってしまう気がします。「秋だからサンマを食べる」などというのは、昔はもっと貴重なイベントだったはず。その季節しか食べられないものをありがたく頂くのはすごく贅沢なことです。

それから、季節のものは安くて栄養価もいちばん高いです。その季節で採れるはずのないものは、それだけ設備代や燃料代もかけられて作られていま す。余計な肥料や農薬も必要になるかもしれません。人工的ではなく、自然にその時季に採れるものを頂くのが、地球にとっても、私たちの体にとっても理にかなっているのではないかと思います。

自然はうまくできていて、季節のものを食べているとその季節に必要な栄養が摂れるようにできています。冬が旬の食材は体を温めるものが多いですし、夏が旬の食材は体を冷やしてくれるものが多い。

季節ものを食べていれば、暑さや寒さにも強くなっていきます。季節ものは健康にも経済的にも最高なんです。

我が家の季節カレンダー

春

- ぬか床再開（～秋まで）
- 夏野菜の種まき
- ふきの煮物
- よもぎ団子、よもぎ茶
- たけのこご飯、たけのこの煮物

夏

- 障子、ふすまを外す
- すだれをかける
- 緑のカーテンを作る
- 日向水の活用
- どくだみ茶
- 梅干、梅ジュース、梅酒
- らっきょうの甘酢漬け
- 赤じそジュース
- ハーブティー
- キュウリのピクルス
- 新ショウガの甘酢漬け、紅ショウガ、ジンジャーエール

秋

- 障子、ふすまをつける
- 障子貼り
- ヘチマたわし、ヘチマ化粧水作り
- 冬野菜の種まき
- 落ち葉堆肥作り
- 編み物
- 干し柿
- 干し芋、芋団子
- 栗ご飯
- 干し椎茸
- ミョウガの甘酢漬け

冬

- ぬか床を休ませる
- たくあん、切り干し大根
- 白菜の塩漬け
- 味噌作り
- こんにゃく作り
- ポン酢、ゆずビール、ゆず種化粧水
- 酒粕の甘酒、酒粕酵母パン作り
- おせち作り
- 木炭の準備（掘りごたつ、火鉢）
- 大掃除
- 年賀状作り

私の料理のバリエーションは
焼く、煮る、蒸す、あえる。
素材本来の味を感じられる調理法が一番です。

食事においても「着飾る」のはあまり好きではありません。

珍しい食材や調味料を使うことはほとんどないです。目新しい西洋野菜を買ってきて、コリアンダーとか新しい調味料を買って……という料理はしません。そういうことには興味がないのです。それよりも、昔から食べられてきた食材や調味料、調理法で何が作れるかを考えます。**料理というのは究極的には、食べられる状態まで素材を加工できればＯＫ。**それが一番素材が生きている状態でもあるはず。なるべく素材を生かす形で調理します。

調理の方法としては、焼く（炒める）、煮る（ゆでる）、蒸す、あえる、くらいでしょうか。調味料は、塩、しょうゆ、味噌、酒、砂糖、酢、みりん。凝ったお料理をしようと思うとキリがありませんが、料理が趣味というわけでなければ、頑張りすぎなくてもいいのです。

食材は季節のもの、調味料は限られたもの、調理法も数パターン。その限られた中で、何をつくれるかと考えるのが面白いんです。「ピーマンをいっぱいもらったけど、どうしようかな」「あるもので何ができるかな」と。

あるもので料理する

「これが食べたいから買ってくる」ではなく、

「今あるものでどうにかする」。

まず何が食べたいかを先に決めて、それに合わせてお買い物をする、という方も多いと思います。でも我が家の場合は、そういう買い方はしません。グラタンが食べたいから、バターと牛乳とチーズを買って……というよりも、今あるもので何ができるか。手に入った季節のものをどうするか。そう考えます。

食事に限らず「今あるものでどうにかする」というのは私の基本的な考え方です。服や電化製品に対する考え方もそうですが、現状に何を付け足してどうするかではなくて、この中でどうやるか、という考え方をします。

新しいものを取り入れないと、発想が貧相になるのでは？　と思われるかもしれません。「新しいレシピも開発できないのでは？」と。でも逆説的ですが、モノがないときのほうが新しいモノが創造できる、創造的な発想が生まれるような気がします。制限があるからこそ、いろんな発想が生まれる。**目の前のものをどう生かすか、という考え方が想像力と創造力を育みます。**

余談ですが、学生時代にテストの期間中は旅行に行きたくなったり、遊びに行きたくなったりしませんでしたか？　でもテストが終わると特に何もしない。これは制限があるから、いろいろ考えたり想像を膨らませることができる例でしょう。

1冊目の本を書いたときは、まだ子どもが小さかったので育児中心の生活でした。自分の時間はほんの少ししかなかったんです。でも、そういうときのほうがわずかな時間も無駄にせず、上手に使っていた気がします。スキマ時間をうまく使って本を書いていたのです。

今は子どもが幼稚園に行っていて自由に使える時間が少し増えたはずなのに、仕事のスピードはその頃とあまり変わりません。体を壊すほど無理するのはよくないですが、多少不便で制限があるほうが、集中力やアイデアも生まれるのかもしれません。

制限がある、可能性を狭めることで、ストレスが減ったり、判断も早くなるというメリットもあります。**なかなか物事を決められないとか、人生に迷ってしまうのは、選択肢が多すぎるからかもしれません。**

私が本を書こうと思ったのも、子どもが小さくて自由に動けないので「家でできることは何だろう」と考えたときに、これならできると思ったのが大きいです。もし何でも自由にできるような状況だったら、本を書こうとは思わなかったかもしれない。

昔の人は、決められた中でどう生きるか、という発想の仕方をしていました。手に入る食べ物も限られていたし、恋愛や結婚も多くの場合、近くにいる人の中からだった。今は、可能性が広がった分、決めることが難しくなった気がします。

可能性を広げることもいいですが、行き詰まったとき、限られた中でどうするか、という考え方をしてみるのもいいですよ。

3章
3着を着回すシンプルオシャレな毎日

服は素材と着心地

服は本当に気に入ったものだけ。
オシャレはスカーフやマフラーなどの
小物でも楽しめます。

新しい服を買うことはあまりないですが、服を買うときのポイントは「素材」と「着心地」です。そして、流行よりも自分がいいと思ったものを選びます。もともとオシャレは不得意なので、個性的なものよりも、どんなものにも合うようなシンプルで着回しの利くものを選ぶようになりました。

素材は綿とか麻など、自然素材でできたものや、なるべくゴミにならないもの、環境に配慮しているものを選びます。今はシャツ一つでもさまざまな種類がありますが、同じものだったら、そういう環境に配慮している服を選びたいと思っています。

それから、どうせ買うなら安いものよりも、多少高くても長く着られるものを選びたいものです。気に入ったものを少ない枚数で着回したほうが、安い服をたくさん持つよりも経済的なのではないでしょうか。

祖母も、あまり服を買わない人です。冬はいつも自分で編んだセーターを着ています。でも、なぜかオシャレなんですね。いつも同じセーターを着ているのにオシャレ。というのも、マフラーやスカーフなどの小物をうまく使ってオシャレをしているのです。

服はいつも同じだけれど、スカーフやマフラーは何枚か持っていて、いろんな巻き方をしています。学生の頃に訪れた農家のおばあさんも、いつも野良着でしたが、頭にスカーフをかぶったりしてオシャレを楽しんでいました。

服は素材が良く着回しのきくものを長く着て、オシャレは小物で工夫する。出費も管理の手間も少なくなってオススメです。

世界的に見ても、日本は服にすごく気を遣っていると思います。オシャレな人も多い。それはいい面でもあると思いますが、毎日コーディネートを考えて悩んだり、ストレスを感じる人もいるのではないでしょうか。

世界には、日常的に民族衣装を着て、みんなが毎日決まった服を着ている人たちもいます。近所の年配の方も、子どもの頃は、母親が作った2着の服を着回したと言っていました。本当に気に入った服があれば、そんなにたくさんの服は必要ありません。私の場合、服は1シーズンで3パターンぐらい。それで十分まわしていけるのです。

帽子やマフラーでオシャレを

22

服は増やさない

先にタンスの大きさを決めてしまう。
そこに入るものしか買わなければ
服は増えていきません。

家に服があふれかえって困っている。片づけたいのに服がなかなか捨てられない。そんな方も多いのではないでしょうか。

私の家には、四段の引き出しがついた籐のタンスがあるのですが、そこに入るだけしか服は持たないと決めています。着られなくなったり、ダメになったときに、買い替えます。それ以上は増やしません。

服を買ってきてタンスに入らなかったら、またさらに収納用品を買ってくるという方もいます。そうすると、どんどん増えていって部屋が狭くなっていきます。服がありすぎるとそのうち手に負えなくなってきて、着回すのも難しくなっていくでしょう。結局、タンスの奥に忘れられるようになっていって、自分の記憶からも消えていきます。せっかくお金を出して買ったものなのに、記憶から消え、存在も消え、なのにスペースだけとる。自分にとっても服にとってもこれでは不幸です。

自分でも思い出せなくなるほどに服を持たないことが大切です。そらで思い出せるものはいくつありますか？　今思い出せるものが、あなたの気に入ったものであり、好きな服なはず。まず、今あるものをもう一度、点検してみてください。

それから、自分なりの服選びの基準を明確にすることも大切です。流行りの服ばかりを追求していると、キリがありません。自分なりの基準を持って着ている人はオシャレだし、かっこよく見えます。シンプルで、そんなに着飾っているという感じではないけど、凛として見える人は、その人なりの哲学というか基準がきちんとしているのではないでしょうか。

着るという行為は、本来は暑さ寒さをしのげれば、それで良かったはず。でも今は、オシャレしなきゃいけないという意識を植えつけられて、みんなが踊らされているのかもしれません。気合いを入れて、お金をかけて、頑張ってオシャレしようとするのではなく、自分なりの基準で服を選んで、自信を持つことがこれからの時代はカッコいいのではないかと思います。

私の服はこの収納に入るだけ

服にほころびが出たら
すぐ捨てるなんてもったいない。
修理をして使うという贅沢を。

いまはなんでも安く買えますし、ネットを使えばクリック数回で新しいものを手に入れることができます。

だからといって、ほころびができたから、使えなくなったから、古くなったから、という理由でどんどん捨てて新しいものを買う。それは豊かだと言えるのでしょうか。本当の豊かさとは違うような気がします。

もっとお直しをして使ってほしいのです。一つのものを大切にしてほしい。私は少しほころびが出てきても、なるべく自分で直して使い続けます。外出用に使えなくなっても部屋着にしたり、もう直せないぐらいまで使う。さすがに着られないなと思ったら、雑巾にしたり、布の端切れで子どものシュシュをつくったり、リメイクして再生することもよくあります。

捨てるというのは、モノが死んでしまうことです。でもちょっと手を加えるだけで、そのモノは生き返ることができる。

モノにも長生きしてもらう。そういうものに囲まれた生活こそ豊かなのではないかと思うのです。

お直しのときに使うミシン

24

色の選び方

暑さ寒さは「色」で工夫を。
色を変えるだけで
気分も変わるから不思議です。

暑さ寒さに関して工夫していることは二つあります。一つは「重ね着」。もう一つは「色」です。

服装は重ね着できるようなものを身につけます。

夏は半袖のシャツ。秋になったら、それにカーディガンを羽織る。冬になったら、その上からコートを着る、といった具合です。シーズンごとに替えるというよりも、寒くなるにつれ、どんどん上に着ていくイメージですね。あと、冬はショールやマフラーを持っていて、寒かったら巻いたり羽織って調整します。

あとは色の工夫です。服はベーシックな色しか持っていませんが、その中から夏は薄いグレーやベージュといった薄い色。なるべく涼しそうな色を選びます。冬は逆に紺や黒が多い。そして、差し色として、スカーフやマフラーなどの小物を使います。暑いときは寒色系、寒いときは暖色系。これを心がけています。色に関しては、着る人やまわりの人の気分も変える効果があるので、上手に取り入れてみてください。

25

誰かにあげる

使わなくなったら
それを必要としている誰かにあげる。
すると循環が生まれてモノが生きるのです。

子どもの服は幼稚園や近所の方からお下がりをもらいます。だいたいは仲のいい子からもらって、使い終わったら別の子にあげてという感じ。

子どもの服だとわりと誰かにもらったり、あげたりという人も多いと思いますが、大人の服もこういう文化が復活するといいなと思います。

年配の方だと、今でもモノを大切にする習慣を持っている人も多いです。私のまわりにも、親から受け継いだ着物や服を着ていたり、着られなくなった服を人に譲ったり、別のものにリフォームしている方がいます。

大人の服の場合は、今は誰でもたくさん持っているので、品質の低いものや状態の悪いものは、もらっても困るだけでしょう。そう考えると、やはり品質の良いものを大切に使うことで、その分長く着ることができて、循環も生まれるのではないかと思います。

中古のモノを買ったりもらったりするのには「循環」がありますが、新品のものを捨ててしまえば、そこで終わりです。循環が生まれません。ぜひ服もなるべく「生かして」ほしいのです。

26

選ぶのもストレス

着回しは1シーズン3パターン。
選ぶことを楽しめればいいのですが
ストレスになるようだったら服を減らしましょう。

今は、服に関する情報も種類も豊富にあるので、服にかける時間が増えている気がします。それが見えないストレスになっている人もいるのではないでしょうか。

毎朝「今日何着よう」と悩んだり、常に「次はこれを買わなきゃ、あれも買わなきゃ」と考えたりする。服が増えてきたら、どうやって収納するか考えなければいけません。

でも、ある程度着るものが限られていれば、そこを考える時間もストレスも減ります。時間に余裕ができますし、ほかのことに力を注げるようにもなるでしょう。

流行を追い始めると、キリがありません。終わりがない。服について考えるのが好きな人やファッション関係の仕事をしているのであれば別ですが、私のようにそこまでオシャレの優先順位が高くなければ、シンプルにするとラクです。私はその分、余った時間と労力とお金をほかに費やすようにしています。

私の場合は、1シーズンに3パターンほどを回していくだけ。あとは気候に応じて重ね着をします。数が少ないので選ぶのに迷ったり、朝に何を着ようか悩むことはほとんどありません。そこにあるものを着る。ただそれだけです。

着るものに時間をとられたくなければ、着るものを制限してシンプルな着回しを試してみましょう。

また、服は多分に心理的な要素が強いものです。本来は暑さ寒さをしのげればいいのですが「どこどこのブランドを着ているから今日はちょっと張り切る」ということもある。**ここぞというときに「服装で気分を変える」というのもいいことだと思いますが、毎日の気分を「服のせい」にしてしまうと服を買い続けることになってしまいます。**

いつも同じコーディネートであっても、自分がいいと思う服を着ることで、気分もいいですし、結果的に自分らしさも伝わるのではないでしょうか。

服を減らすメリットは意外と大きいもの。
服を買ったり選んだりするお金と時間を
自分の好きなことに使いましょう。

タンスや押し入れに入る量しか買わないという方法を紹介しましたが、すでに家の中が服でいっぱいという方もいるでしょう。「いつか着るかも」と思って残してある服は意外と多いのではないでしょうか。すでにある服をどのように減らせばいいのでしょうか?

私の場合は、基本的に1年以上着なかった服は必要ないと判断して減らします。

あとは、自分の状況に応じて服の種類と量を調節します。今はしばらく子育てが中心の生活ですし、仕事も家でやることが多い。なので、その状況に必要な服だけにしたのです。状況に合わせて服を減らす。着ない服は、バザーや古着を集めている団体に寄付をして減らしました。

そうやって減らしたら、あとは増やさないことが大切です。引き出しいくつ分、クローゼットいくつ分、と決めたらそこに入る分だけしか持たないようにします。

服は、減らすことの「デメリット」よりも、減らすことの「メリット」のほうが大きいんです。

服を減らすとその分、部屋もスッキリして、気分も良くなります。時間も生まれて余裕もできます。服が減ると選ぶ時間が減りますし、収納や手入れをする手間もなくなるのです。「持たないことの心地よさ」を知れば、本当に欲しいものしか買わなくなるはずです。

それに、厳選して残した服、つまり気に入った服だけを毎日着ることになるので、実は服が多いときよりも良い気分で毎日を過ごせます。

服を買うお金と時間、服を保管しておく場所、服を選ぶストレスと時間。服を少なくして着回しをシンプルにするだけで、これだけのお金・場所・時間が確保できます。これらのお金・場所・時間を自分の好きなことに振り向ければ生活はどんどん豊かになっていきます。服から自由になって、自分の本当にやりたいことに人生を使いましょう。

4章
古いものに囲まれたのんびりな毎日

生活自体を楽しむ

人生は生活でできています。
生活を楽しくするだけで
人生は自然と楽しくなるんです。

「生活」というと、面倒くさくて大変なイメージがあるかもしれません。質素な暮らし、節約生活などというと苦しそうと思われるかもしれません。でも、生活を楽しめるようになると人生が楽しくなってくるんです。

当たり前ですが、人生は生活でできています。どんな人でも毎日生活しなければいけないわけです。どうせやらねばならない生活ならば、楽しくやったほうが、人生が楽しくなるに決まっています。

昔は人生のど真ん中に生活がありました。でも今は仕事などの比重が大きくなっていて「生活はなるべく省いて簡単に」という考えが浸透している気がします。仕事で稼いだお金で便利な道具を手に入れて、なるべく生活をラクにしようとする。それも一つの選択肢ですが、衣食住という生活自体も楽しんでしまえば、人生はより豊かになると思うんです。

私がなぜこういう生活をしているか。それは冒頭にも書きましたが「こういう生活のほうが楽しいから」です。こういう選択肢、こういう生き方もあるということを知ってもらえればいいなと思います。

29

ないことの価値

モノがありすぎると
大切なものを見失いがちです。
モノがないことも実は楽しく豊かなんです。
「ないこと」の価値を考えてみましょう。

世の中はより便利なほうへ、より気持ちのいいほうへと発展してきました。「ない」よりも「ある」ほうがいいし、「少ない」よりも「多い」ほうがいい。私たちの生活は本当に便利になったと思います。

一方で、それが行きすぎて、「ある」ということが当たり前すぎて、「ない」ことの価値を忘れているようにも思います。

私は大学時代、自然保護同好会というサークルに入っていました。そのサークルには、ゴミ拾いをしながら山登りをするという恒例行事がありました。1週間分の食べ物を大きなリュックに入れて、OBの人が建てた無人の山小屋に行きます。そこには本当に「何もない」のです。小屋だけがある。トイレも汲み取り式で、最後に自分たちで処理をします。もちろん電気もないし、ガスもない。水は近くの川からくんできて、それで歯を磨いたり、顔を洗ったり、料理をしたりするんです。

まさに「便利」とはほど遠い生活でした。でも、それが楽しかったのです。最初は「汚い」とか「怖い」などと思うこともありましたが、何回も行っているうちに慣れていきました。もちろん同好会に集まった人たちなので、そういうのが好きな傾向はありましたが、みんなも楽しく過ごしていました。夜は、ランプの明かりの下で誰かがギターを弾いてみんなで歌ったり、おしゃべりしながら過ごす。それが不思議と楽しかったのです。

モノに囲まれた暮らしが当たり前になると、「ないこと」のほうが貴重という逆さまの現象が起こっているように感じます。なんでもありすぎてしまう。今こそ「ないことの価値」を再認識するべきなのではないでしょうか。

人の時間には限りがあって、体にも限りがある。なのに、今はそれ以上に情報や便利なものがあふれている。処理しきれないのです。**アップアップの状態を脱して、「ないこと」の豊かさを感じてほしいと思っています。**

今は時代の流れが早すぎて、ストレスを感じることも多いでしょう。だからこそ、普段の生活ではなるべく居心地の良い環境に身をおきたいものです。普段モノに囲まれた生活をしている人は、ぜひモノのない生活を体験してみてほしいと思います。

30

日本家屋に住む

日本の風土に合った日本家屋に住むと
四季を感じながら毎日を過ごせます。

家は日本家屋です。日本家屋のいいところは、家の中にいても四季を感じられるところです。風通しもいいですし、小さな庭ですが景色が変わっていくのを見ることもできます。

夏には緑が輝きますし、秋には紅葉が美しい。仕切りが襖や障子なので、完全に仕切られているわけではありません。冬は襖を閉めて寒さ対策をしたり、夏ははずして風通しを良くしたり、四季によって家全体の様子も変わっていきます。光や風が入りやすいようにつくられているのです。

日本家屋は家の外と中の境界線がありません。縁側と外がつながっていて、自然と地続きになっている感覚があるんです。最近の住宅は「中は中、外は外」という隔離された空間になっていますから、このあたりも違います。

現代の建売の住宅は、より経済的に、より便利に、より効率的に考えられ、「建てる側の論理」でできている部分も多いように思います。一方で、昔の日本家屋の多くは一戸一戸大工さんが考えて手間をかけてつくられている。日本の風土に合った、住む側の視点でできているのが感じられるのです。

襖と畳の部屋が落ちつきます

古民家を手に入れる

カビとクモの巣だらけだった古い家を
掃除と修理で蘇らせる。
この家は私のいちばん落ち着く場所です。

いくら日本家屋がいいなと思っても、新しく日本家屋を建てるのはかなりのお金がかかると思います。私の場合は古い家を買いました。不動産屋さんに問い合わせて、中古の物件がないか探したのです。

今住んでいる家は5年くらい空き家になっていた建物でした。最初に案内してもらったときはカビの臭いが充満して、至るところにクモの巣が張ったりしていて、床も腐って抜けている箇所がありました。家財道具もそのまま残されていて冷蔵庫も5年前のまま中身ごと残っていました。

私はこの家を見たとき、すぐ気に入りました。「これだ！」と思ったんです。夫は「まるでお化け屋敷のようだ」と言っていましたが……。

買ったあとは自分たちで掃除したり修理したりしました。自分たちで直せないところは、地元の大工さんにお願いしました。住めるようになるまで半年くらいかかりましたが、お金はそんなにかかりませんでした。**リフォーム代は全部で200万円くらいだったでしょうか。**あとは土地代だけ。建物はタダ同然でした。古すぎて資産価値がなかったんです。新築を建てたら土地代と建物代がかかるけど、あるものを直して使えば、新築ほどお金はかからないのです。

古い家は、壊して建て替えてしまうことが多いようです。この家も相当ボロボロだったので、夫も「リフォームは無理だろう」と思っていたようです。でも大工さんに「これなら直せる」と言ってもらえた。掃除して修理したら、元の状態に戻り、素敵な家に蘇ったのです。今では私のいちばん落ち着く場所になりました。

建物も壊してしまえばそれでおしまいですが、まだ使えるものを直して使えば、その分建物の命も無駄にならずに、ゴミもエネルギーも少なく済みます。それに丁寧につくられた建物は、時間が経つとまた味が出てきて素敵ですよ。もし家を買うときは、中古物件をリフォームして住むという選択肢も考えてみてください。

我が家は古い日本家屋

32

古いものの価値

新しいものはこれからつくれる。
古いものはすぐにはつくれない。
だから古いものを大切にしたいものです。

これからは特に、古いものに価値が出る時代だと思います。新築だったら今はわずかな期間で一戸建てを建てることが可能です。でも「古い家」は短期間ではできません。当たり前の話ですが。

今の家は築60年です。**だから60年分の価値はあるということ。**同じものを作ろうと思ったら最低60年はかかるのですから。

古いものには、それだけの時間残ってきた歴史を背負っているわけです。家に限らず、古いものにはそれだけの価値がある。古いから、というだけで壊したり捨てたりするのはもったいないんです。

修理をしてくださった大工さんは古いものを大切にする価値観を持った方でした。「今、同じような材料で同じような家を建てるのは、技術もお金もかかって大変だよ。いい買い物をしたね」と言ってくれました。

昔の日本家屋は、ちゃんとその土地の風土に合わせてつくられていますし、建築材料もほとんどが国産の木材や自然素材が使われています。知らない人が見たらただの古い家ですが、実はそれだけ貴重なものなのです。

エコでコードレスで音もしない、
機能性も抜群の掃除機を知っていますか?
それが「ホウキ」です。

私の家に掃除機はありません。一人暮らしをするときに、実家にあるホウキを持ってきて、それからずっとそれだけを使っています。

ホウキ。改めて言うのも変ですが、これはとても便利な道具なんです。場所をとらないですし、一人暮らしの小さな部屋であっても邪魔になりません。掃除機みたいに大きな音もしないから、夜でもＯＫ。いつでも好きなときに使えます。コンセントの位置も気にしなくていいんです。もちろんコードレスです。日本で昔から使われてきたホウキの良さが見直されればいいなと思います。

子どもが小さいころは、なかなか自由に外出も運動もできなかったので、掃除を運動代わりにしていました。ホウキや雑巾がけは結構全身を動かすから一石二鳥なんです。**掃除は掃除機に任せてジムに通うくらいなら、掃除を運動にしてしまえばお金もかからなくていいですよ。**

子育てにもホウキはいいんです。掃除機だと、子どもと一緒に掃除しにくいですが、ホウキだと一緒にできます。電気も使わないし、排気も出さないので体にもいい。お母さん友達から「掃除機は子どもが眠っているときにやりたいけど、音が大きいから起きちゃって大変」という話も聞きます。でも、ホウキなら起きているときに一緒にできて、やり方も教えることができます。

今は技術も進歩していて、自動で掃除をしてくれる高性能の掃除機もありますし、洗剤もありとあらゆる種類のものが出ています。**使い捨てのモップ代わりになるような道具などもありますが、道具ばかりが増えて逆に家がゴチャゴチャしてしまったら本末転倒です。**我が家の掃除は主にホウキと雑巾だけ。普段の掃除であれば、雑巾で水拭きすれば汚れは落ちるので洗剤も使いません。

今まで家の掃除でホウキを使ったことのなかった方は、まずは掃除機と併用してみてはいかがでしょうか？　家に1本あると便利ですよ。

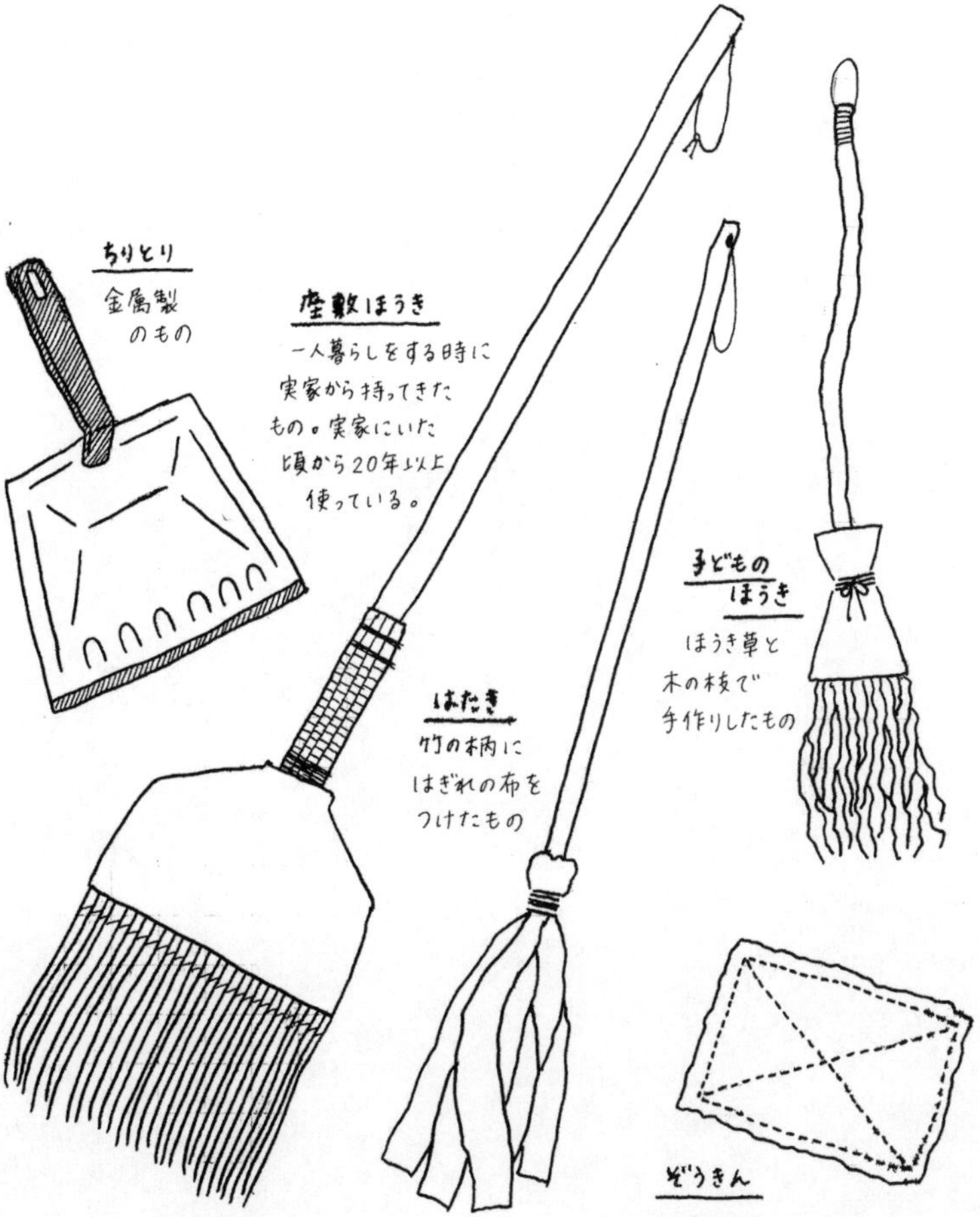
ちりとり
金属製
のもの
座敷ほうき
一人暮らしをする時に
実家から持ってきた
もの。実家にいた
頃から20年以上
使っている。
はたき
竹の柄に
はぎれの布を
つけたもの
子どもの
ほうき
ほうき草と
木の枝で
手作りしたもの
ぞうきん
古くなったタオルを縫ったもの

34

ゴミを出さない

我が家の1日のゴミの量はこぶし一つ分。
究極の掃除・片づけ方法は
ゴミをなるべく出さないことなんです。

なぜ掃除や片づけが必要になるのか？　それはゴミが出るからです。**だから究極の掃除・片づけは「なるべくゴミを出さないこと」なのです。**

まず、我が家から生ゴミはほとんど出ません。ウコッケイのエサにしたり、庭の土に埋めて堆肥にしてしまうからです。

ゴミを出さない工夫として、スーパーではなく個人商店で買い物をするということがあります。個人商店のほうが包装が少ないからです。お豆腐屋さんには容器を持参してそこに入れてもらいます。近所のお肉屋さんはトレイではなく紙で包んでもらえるのでゴミも減ります。

調味料は、近所のしょうゆ屋さんや生協だとリユースの瓶で洗って再利用してくれるので、それを買うようにしています。買い方を少し工夫するだけでもゴミはグンと減らせるんです。

一般家庭のゴミの中身を分析してみると包装容器が多いです。たとえば、大根などもカットされて個別に包装しているものよりも、丸ごと1本買うなどの工夫をしてみてください。余った分は保存食に加工すればいいのです。

1日分のゴミの量はこれくらい

インフラ代は5千円

電気代、水道代、ガス代
合わせて一家4人で5000円。
これだけでも生きていけるのです。

冷蔵庫を使わなくなってから、電気代は毎月500円前後になりました。家族4人暮らしでひと月500円程度。

電気の基本料金は一番安いものを契約しているので、仮にまったく電気を使わなければ273円で済むはずです。なので、実質250円分くらいの電気を使っている計算になるでしょうか。

水道代は2カ月で2814円です。使用料が10㎥までは基本料のみなのですが、ここ1年はずっとその範囲内で済んでいます。

工夫としては、トイレは雨水を溜めて流していますし、洗濯は手洗いなので使う水は断然少なく済みます。お風呂の湯量も体が浸かる程度に抑えていますし、汚れていなければ2回ぐらいは同じお湯を使っています。残り湯は洗濯やトイレの水に使うので、捨てることはありません。洗い物や洗顔、洗髪、歯磨きなども水を溜めて使うので、少なくて済むわけです。流しっぱなしにしないのがコツです。

ガスは都市ガスではなくプロパンガスなので少し単価は高いですが、夏はひと月3000円台、冬は4000円台くらいです。毎日料理をしてお風呂も沸かしますが、洗い物は水で行ない、洗顔もお風呂の残り湯を使ったり、料理もタオルで包んで保温調理をして火を使う時間を減らすことで、これくらいに抑えられているのかなと思います。

その他、電話代や新聞代などもありますが、ライフラインとしての水道光熱費は一家4人で5000円程度で済んでいます。

家計簿をつけていなかったり、お金の把握が苦手な人もいるかもしれませんが、一度現状を知るためにも、電気代、ガス代、水道代にどれくらいのお金を払っているのかを調べてみるといいでしょう。**まず、自分がどれくらいのエネルギーを使って、それに対してどれくらいお金を払っているのか。**

住んでいる地域や家族構成によって変わってきますが、これくらいでも生活できている人がいる、というのを覚えておいてもらえると、これからの生活が少しは変わるかもしれません。

5章

顔の見えるつながりがある楽しい毎日

36

携帯電話はいらない

ケータイを持つことのメリットより
デメリットのほうが大きい。
緊急の連絡手段は「アナログ」で。

私は現在、携帯電話を持っていません。

東日本大震災のときまでは「いざというときのために」と思って持っていたのですが、肝心の震災のときに全然つながらなかった。それで必要がないと気づき、やめてしまいました。

震災時に思ったのは、やはり頼るべきはアナログな手段だ、ということです。電話を信用しすぎていて、災害時の連絡方法も家族で何も話し合っていなかった。これには困りました。便利なものに頼りすぎるのは良くないなと改めてそのときに実感したんです。

本当のセーフティーネットをつくるのであれば、アナログな手段をつくっておかないといけない。今は、何かあったときの待ち合わせ場所や、いくつかの連絡手段を決めてあります。

震災以来、私は携帯電話を持っていませんが、特に不都合を感じたことはありません。もしかしたらまわりは不便だと思っているかもしれませんが、本人としては携帯を持たないデメリットよりもメリットのほうが大きいいんじゃないかと思っています。

携帯ができて、どこでも連絡がとれるというのは、便利は便利です。**でも逆に言うと「用事があるときや、人と会っているときも連絡がくる」ということ。**電話が常につながる状態だと、着信があったら折り返さなきゃいけないというプレッシャーもあるでしょう。そもそも持っていなければ「携帯を持っていないからしょうがないな」と思ってもらえる。これはビジネスマンでは難しいかもしれませんが、私のように普段家にいることが多い人であれば可能でしょう。

逆に、24時間どこにいても連絡をとれなければいけない状況、というのは冷静に考えるとあまりないのではないでしょうか？　警察官や消防士などは夜中であっても連絡がとれないと困るかもしれませんが、普通の会社員であれば、寝ているあいだくらいは、携帯の電源をオフにしてみてもいいのではないかと思います。私のように携帯電話を持たないというのは究極かもしれませんが、依存度を減らしていくとストレスも減るはずです。

固定電話も21時まで

固定電話も21時になったら
電話線を抜いてしまいます。
夜に連絡があっても動けないからです。

家の固定電話も夜の9時過ぎにはコンセントを抜いてしまいます。我が家の場合、仕事の電話は9時以降にかかってくることはないですし、仮にあっても動けないからです。

電話を24時間営業にしておく必要はない、というのが私の考えです。仮に夜の11時に仕事の電話がかかってきても対処のしようがない。寝ているときに電話が鳴って起こされるのも嫌ですし、今まで深夜に電話が鳴ったのは間違い電話くらいです。緊急の電話がかかってきたことも今まで一度もありません。

私の家では、テレビもパソコンも電話も「使うときだけ」が原則です。

情報は新聞で

ネットサーフィンはしません。
情報を得るには新聞のほうが有益です。

普段パソコンを使わなくても、そんなに困ることはありません。原稿を書いてメールで送るときや、ブログでちょっとした告知をするときには使わせてもらっていますが、ネットサーフィンをしたりすることはありません。

1日に得る情報といえば、近所の人や買い物のときの立ち話、あとは新聞とラジオがほとんどです。それでも私には多いくらい。新聞も隅から隅まで全部は読みきれないし、ラジオもそれだけをちゃんと聞いていたら疲れてしまう。そんなに情報はいりません。

インターネットでも情報が手に入るのに、なぜ新聞なのか？　私は紙のほうが記憶に残るような気がしているからです。ネットのニュースはどんどん流れて消えていってしまって、あまり記憶に残らない。ネットで見たニュースはそのままだとほとんど忘れてしまいます。それにインターネットだと、情報を追求していくと際限がなくて、結構時間もとられてしまいます。

新聞はたしかに情報が多いですが、紙面も限られているので変に深追いしなくて済みます。自分で気になる記事を中心に読んだり、切り取って保管しておくこともできる。そこも気に入っています。

テレビもほとんど観ません。テレビを観ないで何をしているか。私の家の近くには図書館があるので、そこで本を借りて読んでいます。

私は図書館が大好きで、子どものころからよく利用していました。通学や通勤中は必ず読んでいましたし、家でも時間があれば本を読みます。図書館で気に入った本や作家が見つかって、書店で購入することもよくあります。大人になってから図書館に行ってない、という方も多いと思います。ぜひ近くの図書館をのぞいてみてほしいと思います。

ネットの情報は蛇口をひねれば出てくる水道水のように、求めれば際限なくどんどん出てきます。そうではなくて限られた情報の中から自分に必要なものだけを探し出す。そのほうが良質で役立つ情報が手に入るのです。

顔の見える情報

新聞も、年賀状も、手に取れるから好き。
それに情報を出している人の「顔」がわかる。
顔の見える情報がやっぱり安心です。

電気代は500円ですが、新聞にはひと月3000円ぐらい払っています。それでも購読しているのは、やっぱり「好きだから」でしょうか。学生のときから新聞は好きで、そういうところは削りたくない。携帯電話や電気代は減らせても、新聞をやめるのは嫌なんです。

考えてみると、あれだけの情報が載っていて、毎朝家まで届けてもらえて、1日分が100円程度というのは安いくらいだと思います。値段以上の価値があると思うのです。

ネットは手に取れないから、なんとなく実感がないような印象があります。年賀状もメールや印刷だけのものよりも、手書きの文章があるとうれしいものです。だから、私も年賀状は必ず手書きで送るようにしています。

これは知人に聞いた話ですが、急に亡くなってしまった友達の親から、連絡が来たんだそうです。「仲良くしてくださってありがとうございます」と。亡くなった友達は他にもたくさん知り合いはいたはずなのに、自分にだけなぜか両親から丁寧に手紙が来た。「なんでだろう」と思っていたら、その人だけが友達に年賀状を毎年出していたらしいんです。他の人は年賀状ではなくて、メールでやり取りしていた。親が遺品を整理するときに、さすがにメールまでは見るわけにいかない。でも、年賀状だけは手元に残っていたから連絡先がわかって、連絡できたそうなんです。

これは美談っぽい話ではありますが、ここに本質が隠されているんじゃないかとも思うんです。

やはり「手に取れる」というのは、それだけで存在価値があるのです。生きる、ということの本質かもしれない。究極に言えば、今は脳に刺激を与えるだけでその体験をしたかのようなバーチャル世界も創り出せるでしょう。それで「一生」を過ごすこともできるかもしれない。そんなデジタルの中で「生きる」こともできるでしょうけど、それが本当に幸せなことか、豊かなことかと考えると、もちろんそうではないと思います。

年賀状と年賀メールの違いも、似ている気がします。もちろん、ちょっとした感情の起伏はメールでもやり取りができるでしょうけど、本当の豊かさみたいなものは、形になっているほうがうれしいし、残っていくのではないでしょうか。

食べ物はなるべく誰がつくったのかがわかるものを口にする、と前述しました。情報も同じで、やはり出どころのわからないものよりは、わかるもののほうがいい。誰が出しているかわからない情報は、やっぱり安心できないんです。

もちろん、ネットの全部が嫌いなわけではありません。必要なときはネット通販も使います。どうしても近所では手に入らないものはネットが重宝します。調べ物もそうです。何かを調べて、それに関連したものを知りたいときにはとても便利です。

ただ、ネットだけに頼りすぎるのは不安なのでやりません。ネットの情報でもやはり「誰が」出している情報なのかを慎重に見極めて、自分で判断するようにしています。

地域新聞をとる

私に必要なのは「生きるための情報」。
世界情勢を知るのも大切ですが
まずは住んでいる地域の情報を。

必要な情報というのは人それぞれ違います。今の自分にどんな情報が必要なのかを考えて、優先順位を決めておくといいでしょう。情報も、食べ物と一緒で必要以上に摂りすぎても栄養は吸収できません。

私の場合、優先順位が高いのは、生活と子育てです。だからまず必要なのは「生きるための情報」。それを優先的に摂取します。生きるための情報としては、地域のことや食べ物の情報。あとは天気などでしょうか。最低限、それさえあれば、生活していても困らないでしょう。

テレビやネットなどで遠い国の情報は得ているけれど、地域の情報を意外と知らないという人は多いのではないでしょうか。地域のことを知ることこそ大切です。

私は週に1回発行される小さな地域新聞をとっています。自分が住んでいる西多摩地区の新聞なのですが、これが意外と面白いんです。「○○のお店が

愛読している西多摩新聞

オープンしました」とか「△△さんが賞をとりました」とか。こういうニュースがご近所さんとの話題にもなるので、楽しいですし役立ちます。また、地域のイベントなども載っていて、住んでいる地域のことがよくわかります。記者の方も地域に根ざした取材をなさっているので、安心して読むことができるのです。

41

過剰な情報はストレス

ネットは「情報」や「つながり」が無限に手に入る。
それは便利な反面、ストレスも生んでいます。
「いいとこ取り」しましょう。

インターネットに頼りすぎてしまうと、便利が行きすぎて何でも依存するようになってしまいます。いいとこ取りというか、便利な面は使わせてもらうくらいがちょうどいいのです。

ＳＮＳなどを利用したネット上でのつながりが増えると便利な面もありますが、増えすぎてしまうと大変です。

最初の本を出したあと、たくさんの方からメッセージやメール、コメントをいただきました。うれしくて一つひとつ返信をしていましたが、やり取りがどんどん増えていき、毎晩子どもが寝てからメールに追われるようになってしまいました。

ネットは便利すぎて、人の手に負えないレベルまで能力が拡張できる。それはいい面もあるんですが、マイナスの面もあります。「ネットがなかったら存在しなかったはずの交友関係」まで維持しなければならない。友達の友達まで勝手につながっていってしまって、逆に息苦しいと感じます。

本当の友達と気軽にやり取りできるという面では便利ですけど、さらにその友達や知り合いまで広がってしまうと、見えないストレスになる。きっとそれは本来の人間の能力を超えているからなのでしょう。ネットは完全に遮断するのは難しいですが、一方で頼りすぎもいけなくて、やはり「いいとこ取り」が一番なのです。

それから、ネットを使うことによって、遠くの人とは頻繁に連絡をとるのに近くの人と疎遠になる、ということも増えてきました。昔は物理的に近い人ほど関係が深くなるのが普通でした。家族が一番大切で、近所の人も大事にしていた。でもなんとなく今は逆転している気がします。親とはちょっと疎遠だけど、ネット上の誰かさんとは毎日やり取りしているとか。

本当は大切にしなければいけないまわりの人をないがしろにして、遠くの気の合う人とだけ仲良くする。**身近な人を後回しにして、ネットを通じて遠くの人と連絡をとろうとしているのは、不自然な感じがします。**ネットでコミュニケーションを求める前に本当に大切な人と顔を見ながらゆっくり話をしてみてほしいと思います。

ご近所さんと仲良くするのも
コミュニケーションのお勉強。
ご近所付き合いを楽しみましょう。

私は、東京の大田区で生まれ育ちましたが、両親の実家は近くにあり、どちらもお店をやっていたこともあって、普段からいろいろな人が来たり、近所付き合いも結構ありました。大学のころ、農家にホームステイをしたときも、どこでも近所付き合いが残っているのを感じました。

近所付き合いは、良い面もあれば、わずらわしい面もあるかと思います。中にはどうしても苦手な人もいるかもしれない。でも、苦手な人も何度も会っているうちに「この人はこうやって接すればいいんだ」ということがわかるようになってきます。昔はそうやってコミュニケーションの勉強をしていたわけです。

現代は苦手な人と関わらなくても生きていけるようになってきています。マンションでも隣の人がどういう人か知らなかったりする。インターネットを使えば、気に入った人だけとつながれるのです。

そうしてみんなが快適さを求めすぎると、やはり一方で問題も出てくるように思います。それは、ちょっとしたことでストレスを感じてしまうようになったということです。「ストレス耐性」がなくなってしまった。

近所付き合いに限らず、職場でも学校でも、苦手な人、合わない人はいるでしょう。それは仕方のないこと。だから、それぞれ対処方法や距離の取り方の練習をしていたはずです。でも今は、そういうことすら面倒くさいからと簡単にやめたりしてしまう。**完璧にストレスのない状態を保とうとして、逆に息苦しくなっているのではないかと思うんです。**ちょっとでも合わない人がいると、もう嫌になっちゃう。それはそれで大変です。どこに逃げても自分が変わらない限り解決しないのです。

そういう意味でも、ご近所付き合いや今いる環境を楽しむことはオススメです。わずらわしいこともあるかもしれませんが、それも受け入れて楽しめるようになると人生も楽しくなります。遠くの人とネットを通じてつながるのもいいですが、身近な人たちと直接つながることも始めてみてはどうでしょうか？　まずはご近所さんに自分からあいさつをしてみましょう。

友だちは数人でいい

友だちと呼べる人は何人いますか?
浅い関係の知り合いを増やすよりも
深い関係の友だちを大切にしましょう。

友だちはつくれる範囲で十分です。私はネットで知り合いを無理に増やさなくても、今いるまわりの人で満足。ご近所さんや地元の気の合う友だちも何人かいます。そして、究極的には家族がいればいいと思っています。一緒に遊べる家族がいればそれで十分。家族なら気軽に誘うこともできます。

ネットを通じてあらゆる人に好かれようとすると疲れてしまいます。あらゆる人に好かれようなんてのは無理。余計な気を遣うだけです。どうしても合わない人もいるし、価値観が違う人だっている。いくら頑張っても伝わらない相手もいるでしょう。

昔は、あらゆる人に好かれようとすることはありませんでした。せいぜいご近所さんに気を遣うぐらいだったはず。でも今はインターネットによって必要以上に世界が広がってしまった。ネットでの反応を気にして、生きづらくなっている人もいるのではないでしょうか。

遠くの人と頑張って仲良くなるよりも、まずまわりの親しい人たちとの関係を深めてみてください。そのほうが精神的にもいいはずです。

44

買い物は商店街で

安いから買う、という買い方はさびしい。
私が商店街のお店で買うのは
「この人から買いたい」という思いが強いからです。

買い物は、スーパーよりも商店街ですることが多いです。お店の人と顔見知りになると、いろいろ良い面が多い。余分におまけをしてくれたり、お茶やお菓子を出してくれたり、何か良さそうなものが入ると、とっておいてくれたり、声をかけてくれたりもする。

もちろんそういうことを期待して行くわけではなく、そういう人とのやり取りが楽しいんですね。あとは顔見知りだと安心というのもあります。「あそこに行けば誰々に会える」という感覚が、今はあまりなくなってしまいました。昔だったら、よく飲み屋や喫茶店など、友達や知り合いが自然と集う「たまり場」みたいなものがありましたが、今はネットや携帯でつながっている。いつでもどこでも会えるから、逆にみんなどこに誰がいるかわからなくなった。「あそこに行けばあの人がいる」というのがなくなってきています。

その点でも、商店街は好きなんです。行けば必ずお店の人がいる。喫茶店も個人で経営しているほうが好きです。私の場合は買い物も「このお店で買う」というよりも「この人から買う」ことが多い。**モノだけが目的ならどこで買っても同じですが、「この人から買う」のは、そこでしかできません。**好きな人に会えて、お話しできて、買い物を通じて自分もすごく気持ちがいいんですね。安さだけを求めて買い物をするのは、なんだかさびしいなと思います。

近所のお肉屋さんは夕方になるといつもお客さんが並んでいます。近くには、スーパーなどもっと安いところもあるのに、お客さんが絶えない。なぜかというと、肉の品質が良くて美味しい上に、その場で客の好みに応じてカットしてくれたり、かならず少し多めに入れてくれたりするからです。ほんの少ししか買わないのに、嫌な顔をせず、細かい心配りもしてくれる。だからお肉だけはここで買うという人も多いんです。

安さだけを売りにしているお店だと、人気があってもより安いところができたら、客はそっちに流れてしまいます。でも、そのお肉屋さんは値段だけで勝負していない。その人柄がある意味「売り」になっているんです。

ご近所セキュリティ

近所の人の顔を知らないというのは
近所の人からも知られていないということ。
防犯・防災のことを考えても
ご近所さんとは仲良くしておきたいものです。

ご近所さんと仲良くしていると、たとえば子どもが病気になったときに「ちょっと見ていて」とお願いできます。逆にご近所さんが困っているときは手をさしのべる。お互いさまなんです。

近所の人が家族や子どものことを知っているというのは、迷子の場合や防災、防犯面でも安心です。普段、幼稚園の送迎時に、毎日あいさつを交わしているうちに顔見知りになることもよくあります。ときに休んだり、いつもの時間にいないと、心配されたり、気にかけてもらえるようになりました。

近所付き合いは、これからまた見直されていくでしょう。今は個人情報をいろいろ知られるのが危険だという風潮もあります。子どもがどこに通っているとか、誰々さんがどこどこを歩いているというのは、プラスに作用すれば安全ですけど、悪用されれば危険でもあります。近所付き合いがしづらくなったのは、そういった悪い面もあるからだと思います。

でも、みんなが知っているということは、他の人の目もあるわけです。誰も知らないという状態も怖いもの。近くに住んでいる人の顔もわからない、というのも心配です。近所の顔ぶれを知っていれば、不審な人がいたときに助けを求めることもできるのです。

近所との関わりが全くないということは、逆にまわりのこともわからないから、危険になる可能性もあります。**「近所の人と全く関わらずに、近所の情報も知らない」という安全よりも「ご近所さんの顔ぶれを知っていて自分も知られている」という安全を私は選びたいと思っています。**

6章 余計なお金もストレスもない豊かな毎日

モノを長生きさせる

買い物をするときには
それを捨てるときのことを考えましょう。

私は衝動買いをすることはありません。

商品を見て「いいな」と一瞬思っても「多分あまり使わないだろうな」とか「ゴミになるだけだな」などと考えるのです。

買い物で心がけているのは、買ったモノのいわば人生に思いを巡らせる、ということです。「これは長生きできるモノだろうか（長く使えて幸せに死んでいけるモノだろうか）」というようにその後のモノの人生を考えます。

多くの人は、衝動買いをするときに買った直後のことしか頭にありません。ちょっとした便利さや高揚感だけのためにモノが「消費」されていきます。これではモノは不幸になるだけです。そうではなくて、買うときに捨てるときのことまで考える。買ったモノはどういう運命を辿るのかをちょっと想像してみるのです。そうすれば簡単に衝動買いをすることは減るのではないでしょうか。

「何が欲しいのか／欲しくないか」という軸をきちんと持っておくことも大切です。その軸は人それぞれだと思いますが、「みんなが持っているから」くらいの基準でポンポン買ってしまっては、モノにとっても不幸ですし、お金もなくなってしまいます。

私は「無駄になるか／ならないか」という軸でいつも考えています。洋服も「これはかわいいな」と思うこともありますが、軸に照らし合わせてみて「あるもので足りるからいいや」と思いなおす。ありすぎると邪魔になるからです。むしろ、ないほうが気持ちがいい、とも言えるでしょう。置き場所なども考えると「ないほうがいい」と思い至るのです。

買うか買わないかの基準は「値段が安いかどうか」ではありません。いくら安いモノであっても、無駄になりそうなものは手に入れないようにしています。たとえ無料のサンプルや試供品であっても、無駄になるのであればもらわないようにしています。値段を軸にしてしまうと部屋が無駄なモノであふれかえってしまいます。いわばゴミの一歩手前のモノと一緒に暮らすことになります。一方で、無駄になるかならないかという軸を持っていれば、必要なモノ、好きなモノだけに囲まれた豊かな暮らしができるのです。

47

捨てないために買わない

現代は買うよりも捨てるほうが手間のかかる時代。
なるべく捨てないためにも
最初から無駄なものは買わないことです。

祖母の口癖は「もったいない」です。小さい頃から聞かされていたので、多分捨てるのが苦手になったのでしょう。捨てることはもったいないと思っているから、なるべく捨てるものを減らそうとするようになったのです。「捨てたくないから、買いたくない」と思うようになりました。シンプルライフを目指したいとか、モノを減らしたいというよりも、ただ「無駄にしたくない」「捨てたくない」という思いが強くあります。

特に、育児用品はほんの一時期だけのものなので、中古のモノや、誰かにあげられるものを手に入れるようにしています。「捨てなくて済む」という基準で選ぶのです。だから素材もプラスチックよりも木のものを選びます。子どものおまるでもプラスチック製のものはやがてゴミになるなと思い、ホーロー製にしました。ホーロー製であれば、丈夫で長持ちするので使わなくなったら誰かに譲れますし、別の用途でも使える。そういう基準で選んだのです。

では、すでに部屋にモノがいっぱいという人はどう減らせばいいでしょうか。

まず、リサイクルショップやバザーの活用です。私もＯＬのときに使っていた服や靴は、これから着ることはないだろうと思ったので出しました。そして、それからは買わないようにしています。

今はどこにいても欲しいものが簡単に手に入ります。ネットを使えば、何クリックかするだけで当日、もしくは翌日には商品が手元に届きます。とても便利な時代になりました。

ただ、一方で、減らす・捨てるとなると、大変です。ゴミ袋を用意しなければいけませんし、捨てる日も決まっています。粗大ゴミや家電はそれなりの手続きやお金も必要になってきます。**現代は、買うよりも捨てるほうが手間のかかる時代なのです。**だから、必然的に部屋にモノが増えてしまうのでしょう。

まずは、無駄な買い物をしないように心がけてみてください。自分なりの基準をきちんと持って、慎重に買い物をするように心がけることが大切です。

モノは循環させる

あらゆるモノは地球の上にある以上、
循環させてあげることが自然です。
流れを止めずに生かしたいものです。

生態系の話ではないですが、モノも循環させることが大切だと思っています。

モノを買うときは、いつも循環させることを考えています。だから、家具でも古いものや、中古、アンティークのものを探すのです。アンティークのものはそれだけで価値があるものが多いので、自分には必要なくなったときには誰かに譲ったり売ったりできます。

多くの人は新品のものを買いがちなのですが、今はたいていのものが大量に生産されていますし、古くなるにつれて価値が下がっていくものも多いです。昔のものは一つひとつ丁寧に作られているものが多いので、そういう価値のあるものを選んで買うのはオススメです。

また、モノを自分だけで所有して、捨ててしまうというのは、流れを止めてしまうことになります。モノの人生もそこで終わってしまう。だからうまく「生かす」ことを大切にしています。すぐに死なせてしまうのではなくて、使えなくなったら譲ったり売ったりするのです。

前にも少しお話ししましたが、私の家からはゴミはなるべく出さないように心がけています。**週に出すゴミの量は基本的に5リットルの小袋が可燃と不燃でそれぞれ1つずつくらいです。**

モノの人生を考えるようになると、ゴミを捨てるときに罪悪感を抱くようになります。だから自然と買わないようになっていきます。それに、家の中にモノが多くなると掃除のときに邪魔だったりもします。だったら、ないほうが気持ちいい。また、モノを探さなくてもすぐに見つかりますし、モノが少ないほうが一つひとつを把握しやすいので余計なストレスもなくなります。モノの人生を考えて、きちんとサイクルの中に戻してあげることを心がけると生活は自ずとシンプルで気持ちのいいものになっていくのです。

ゴミを捨てるときも袋に入れて玄関先に置いておけば回収してくれる。その先は見なくてもいいシステムになっています。現代は「臭いものに蓋をする」時代なのかなとも思います。行方を知らないのです。**ゴミを捨てたあとにどうなるのか、ということを想像してみるといいかもしれません。**

49

金より手間をかける

生活も子育ても
お金じゃなくて手間をかけましょう。

子育てにはあまりお金はかけていませんが、その分手間をかけています。おむつも紙おむつではなくて布おむつ。机もこれから必要になるでしょうが、新しく買わないでこたつやちゃぶ台でやればいいと思っています。なるべくお金を使わないで、家にあるものを活用するつもりです。

子育てにお金をかければ、その分立派な大人になるかというと、そういうわけでもありません。子どもは敏感で「どれだけ手をかけてもらったのか」を感じるものです。お金を否定するわけではありませんが、お金をかけるよりも手間をかけてあげたいのです。習い事も、本人が行きたくなければ、無理やり行かせたりはしません。だったら一緒に畑に行って野菜を育てたり、一緒に絵を描いたり、ハイキングをしたり、そういう体験のほうが絶対にプラスになると思うのです。

習い事よりも、身のまわりのことができるように教えてあげたいです。野菜の育て方、洗濯や掃除の方法、漬け物の漬け方など、農業や生活技術を身につけさせたい。**勉強や英会話よりも大切なのは自分で生きる力です。**

布おむつの作り方

〈材料〉

1枚のおむつを作るのに140cmの長さが必要。1反（＝10m）で7枚のおむつが作れる。

〈作り方〉

①

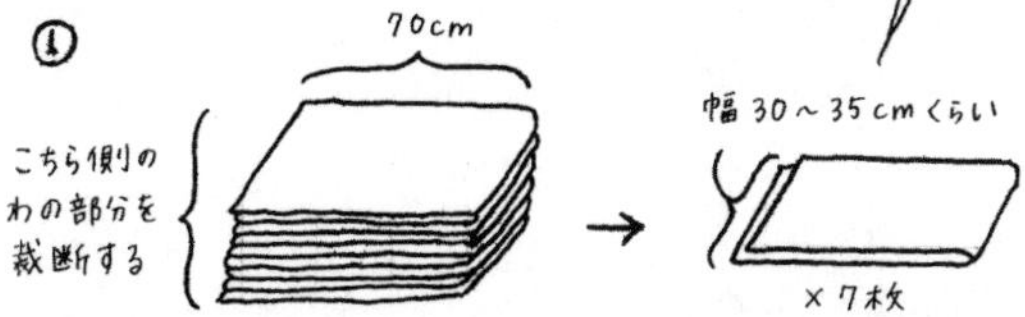

反物を約70cmの長さで折りたたんで、片側の折り目だけを裁断する。

②

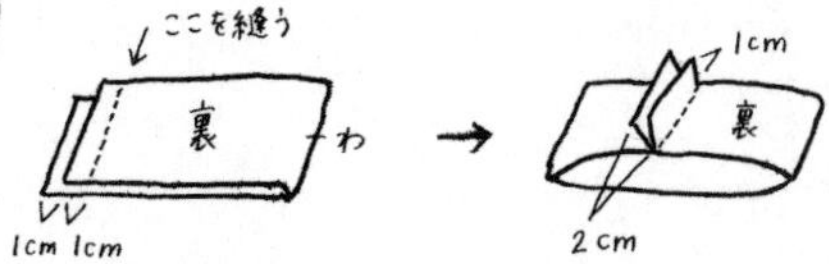

裁断した布を半分に折って、上側を1cmずらして、端から1cmの部分を縫う。

③

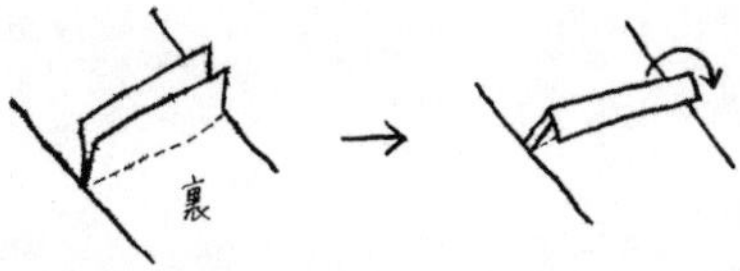

長いほうの縫いしろを短い縫いしろにかぶせるようにして縫い目のところまで折り、縫い目のところでもう一度折る。（伏せ縫い）

④

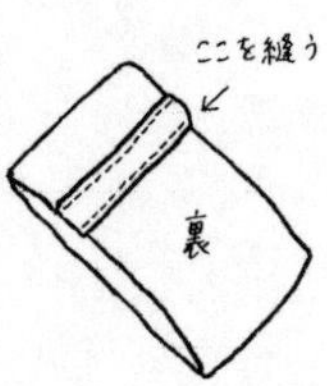

折りたたんだところを押さえるように縫う。

表に返して完成。

株や証券に投資するよりも
生活技術の向上に時間を投資したいのです。

我が家の収入は、一般的なサラリーマン家庭の平均くらいです。何年か前に家を購入したときに貯金はほとんど使ってしまいました。家のローンもありますが、給料の範囲内でやりくりをして収入に見合った生活をしているので、マイナスになることはありません。

収入が減っても、その範囲で、今あるもので何とかしようと思っているので金銭的な将来の不安も特にありません。

私の考え方のベースには、学生の頃のキャンプの体験が大きく影響しています。つまり、「何もない」ところが基準になっている。

一般に言われる老後の不安とか将来の不安っていうのは、モノがたくさんあって豊かに見える「今の生活」が失われてしまったらどうしよう、というものではないでしょうか。でも、私の場合はゼロがベースです。**モノがないところがベースなので、不安も持ちようがないんです。**もともと一人暮らしを始めたときも、貯金も何もないところからスタートしているので、それに比べれば全然平気です。今は特に生活するのにお金の問題はありません。

私は、お金を使う上限を先に決めておきます。そして、それ以上使わないようにしています。それに、お金をかけない時間の過ごし方や楽しみ方もいろいろあるので、別に困りません。お金がなくても公園に行って過ごしたり、散歩をしたり、図書館で本を借りて読んだり、楽しみ方はいろいろあります。

投資も興味はありません。私は投資の知識がないですし、お金を増やすことだけに時間をかけたり神経を使ったりするのはあまり好きではないんです。投資とは言わないかもしれませんが、私の場合は生活技術を磨くことが、一つの投資だと思っています。本を読んだり文章を書くこともですね。

苦手なことや好きではないことに時間を割いてお金を得るよりも、いま好きなことに時間を割いて腕を磨くほうがずっと自分の投資になるような気がします。

51

いいものかどうか

100円ショップで買うときだって
基準は「いいものかどうか」です。
「100円だから買う」ということはありません。

「節約主婦」と言われることもありますが「節約しよう」という思いが強くあるわけではありません。やりたいことをやっていたら、結果的に節約になってしまったという感じなのです。

私の「節約」というのは「安いものを買う」というわけではありません。買うときはよく考えて、自分に合ったもの、納得したものを探す。それがたまたま安ければラッキーと思うくらいです。

安いからといって次々に買っていると、いつの間にか結構な額になっていたりします。そして、そのほとんどがすぐに使わなくなったり、捨ててしまったりする。だから、長い目で見れば、質の良いものを長く使ったほうが実際は安く済むかもしれません。

もちろん安くてもいいものはありますが、買うときに、それは「安いから」買うのか、「必要だから」買うのかを自問自答してみるといいでしょう。

52

余分なお金はいらない

余分なお金が連れてくるのは
贅沢さではありません。
悩みや心配を連れてくるんです。

以前、税理士事務所で仕事をしていたこともあって、お金をたくさん持っている人をよく見てきました。地主さんや社長さん、資産家……。そこで思ったのは、お金がある人はある人で相続のトラブルがあったり、お金の貸し借りなど、結構大変なんだなということでした。お金がありすぎても困るんだなというのをそこで知ったのです。

それから、余分なお金があることで余計な悩みや心配が増えるくらいなら、そんなに要らないと思うようになりました。もちろんお金がまったくないのは困るけれど、困らない程度にあれば十分です。子どもにもあまり残そうとは思いません。それが原因でトラブルになることもあるからです。お金があることで兄弟や親子で争いが起きたり、裁判沙汰になったりするのは、悲しいことです。

何度も言うようですが「限られたものをどうやりくりするか」という発想が大事なのではないでしょうか。モノでもお金でも人間関係でも、ありすぎると逆に不都合になることがある。友だちも全くいないのはさびしいけれど、際限なく増やしていくと、余計に気を遣ったり、トラブルが増えたりします。

自分の身の丈以上のモノは持たない。それに尽きます。

それから、お金を使うときにいつも考えているのは「お金の行き先を考える」ということです。どこにお金が行くのか。たとえば、輸入された安価な農産物の場合、生産者の手元にはごくわずかで、運ぶときの燃料など別のところにお金を払うことになるでしょう。一方で、近所の直売所で買えば、地元の農家の人にお金が行く。どうせ買うなら顔の見える人にお金を出したいという思いがあります。

選べるのであれば、なるべく顔の見えない人のところにお金を流してしまうのではなく、顔の見える人、行き先のわかるところにお金を使いたいものです。

自分の価値観を大切に

時間は長さよりも密度が大切。
限られた時間をどう過ごすかで
人生の贅沢度は決まってきます。

生活を楽しむと時間の密度が濃くなります。時間は長さよりも密度のほうが大切だと思っています。**すべての人に24時間という時間が平等に与えられていますが、その時間をどう過ごすかですごく幸せにもなれるし、不幸にもなる。**

大切なのは、まわりの声に振り回されないで、自分の感覚を大切にすること。まわりの評価よりも自分が満足ならそれでいいんです。まわりの人から「こんな不自由な生活してかわいそう」とか「大変でしょう」と言われることもありますが、自分は楽しいし幸せなので何も問題ないんです。

私はこういう身の丈に合った生活が好きだし心地いいと思っていますが、中にはもっと便利で豪華な暮らしがしたいと思う人もいるでしょう。好きなことはそれぞれ違うので、いいと思います。抑えても抑えられない。もし高級車を持つことが自分の一番の幸せだったら、それはそれでいいと思います。

ただ、「より上の生活がいい」という思いでいると、仮に高級車を手に入れても「今度は海外のあそこに別荘が欲しい」などと思ってしまって、キリがありません。これでは、ずっと幸せになれないことになります。より上を目指す、という思考は他人の生活と比べるところから出てきます。**人と比べるから嫉妬したりうらやましく感じる。そうではなくて、自分の価値観が大切なんです。**

高級車が欲しいと言っている人は、「高級車を持っている自分」になれたら幸せになれると思っています。つまり「今は不幸」と思ってしまう。でもそうやって考えてしまうと、高級車を仮に持てたとしても、「別荘を持っている自分」がさらに上にいるから、再び「今は不幸」という思考に陥りがちです。もしかしたら、幸福感を得られないまま一生を終えてしまうかもしれません。それでは悲しいですよね。

自分の価値観を大切にして、他人と比べないことが、贅沢な人生を送るための必須条件なのではないでしょうか。

あとがき

お金をかけなくても贅沢はできる

私の暮らしについてお話ししてきましたが、いかがだったでしょうか？

電気代500円というと「大変そう」「苦しそう」「楽しくなさそう」というイメージを抱かれる方もいらっしゃるかもしれませんが、まったくそんなことはない、ということが少しでも伝わったでしょうか。もし一つでも生活に取り入れていただけたら、うれしく思います。

電気をなるべく使わない生活をするようになったのは、やはり祖母の影響が大きいと思います。

祖母の姿を見て教わったことはいろいろあります。

まず、身の丈の生活をするということです。

食事もオシャレも家も、背伸びをしたり着飾ったりせずに、自分がいいと思ったものを大切にする。これがいちばん幸せなのだということを学びました。「足るを知る」という言葉がありますが、まさにそう。普段の生活を愛おしく思い、今いる環境や身近な人たちを大切にする。それこそがその人にとっていちばん贅沢な生き方なのではないでしょうか。

それから、今あるものでどうにかするということです。「これができないからあれを買ってこよう」「これができないのはあれがないからだ」。そういう考え方を祖母はしませんでした。常に今あるものでなんとかする。新しいものを買ってくるどころか、古いものを捨てることすらしません。口ぐせは「もったいない」。古くなったモノも最後まで使いきるのです。

もう一つは、生活を楽しむということです。身の丈に合った暮らしというと質素で退屈なイメージがあるかもしれませんが、祖母からはつまらないとか面倒などという言葉は全く聞いたことがありません。毎日の生活を淡々と、しかし心から楽しんで送っているように思います。

生活に不満があると「車が欲しい」「もっと大きなテレビが欲しい」「素敵な家が欲しい」などと、今「ない」ものに注目しがちです。今あるものへの感謝を忘れて、ないものに思いを馳せる。すると、いつまでたっても生活を楽しむことができません。祖母は今あるものに100パーセントの感謝をしています。だから今がベスト。満足なのです。

祖母は電気やモノがなくても毎日を楽しく過ごすことのできる「生活の達人」です。お金があるから贅沢なわけではありません。お金は単なる一つのモノサシにすぎない。今の生活に感謝して、楽しむことが、いちばんの贅沢なのです。

カバーデザイン・扉デザイン／寄藤文平＋鈴木千佳子（文平銀座）
カバー・章扉イラスト／鈴木千佳子
本文イラスト／アズマカナコ
本文デザイン・ＤＴＰ／玉造能之（デジカル）
撮影／中村年孝
校正／鷗来堂
編集協力／藤井博文

著者

アズマ カナコ

1979年東京都生まれ。東京農業大学卒業。現在、東京郊外の住宅地で築60年の日本家屋に暮らしながら、車、エアコン、冷蔵庫、携帯電話などのない生活をしている。4人家族でひと月の電気代は500円程度。東京の一般的なサラリーマンの家庭でも、これだけ自然で環境に優しい暮らしができるというライフスタイルを提案している。また、2人の子どもを助産院と自宅で出産。布オムツのみで育てて、2人とも1歳半ばでオムツを卒業させた。

著書に『布おむつで育ててみよう』(文芸社)、『捨てない贅沢』『台所コスメ』(けやき出版)、『かんたん手づくりマスク』(小学館)、『節電母さん』(集英社)などがある。

電気代《でんきだい》500円《えん》。贅沢《ぜいたく》な毎日《まいにち》

2013年4月24日　初　版
2016年11月7日　初版第5刷

著者　アズマカナコ
発行者　小林圭太
発行所　株式会社CCCメディアハウス
〒153-8541　東京都目黒区目黒1丁目24番12号
電話　03-5436-5721（販売）
03-5436-5735（編集）
http://books.cccmh.co.jp

印刷・製本　大日本印刷株式会社

ISBN978-4-484-13206-8